若き教師のみなさんへ

わたしの授業実践

阿部直久

一莖書房

ブロンズ粘土「顔」6年生

「シクラメン」4年生

掛け軸「柿」4年生

「焼き魚」4年生

「春の野原」５年生

「友達」５年生

「凧」５年生

「シクラメン」６年生

ブロンズ粘土「手、足」５年生

まえがき

この書は、未来を創造する子どもたちを宝のように思い、教育活動の中核に授業を見据え、休日も子どもたちの生き生きした表情を思い浮かべながら研究に取り組んでいる、純粋で若き教師達のために書きました。

若い教師がここ数年で目立って増えてきたことは素晴らしいことです。始業前から子どもたちと遊び二十分休みも子どもたちと一緒に行動している姿は、それだけで学校に新鮮な風を送ってくれます。しかし、新学期が始まり二～三週間もすれば、○○ちゃんにいじめられたとか、学校に行きたくないと言っているとか、子どもたちをしっかり躾けて欲しいだとか色々な注文が出てきます。

いつしか、「授業で子どもの可能性を切り開く」とか「子どもたちにとって学びとは何か」といった教師本来の仕事より、子どもの日常の生活指導へと力を注がなくてはならなくなり、疲れと忙しさも手伝い、教師の専門性など考えることができなくなってしまうようです。

本来は、「授業で子どもたちの力を引き出したい」「学ぶ中で友達の大切さを知らせ、新しいことに対する興味や関心を持たせたい」「子どもたち一人ひとりの心を耕し、生きる力を育てたい」といったことに意義を見いだし、仕事としての教職に魅力や夢を感じていたはずです。そして、それこそが教師ならではの仕事であったはずなのですが、即効的な対処を求められる日常から、いつしか目標やルールを重視することに力が注がれ、子どもたちに規則や規律を求める（押し付ける）日々となり、それが日常化してしまう。結果として本来の内側から変わる成長の基本を見失ってしまうことにつながっているのかも知れません。これは、若い教師に限ったことではないことも哀しい現実なのですが。

「教えられる・指示される」という学習からは、受け身の指示待ち人間が育ってしまう可能性があります。大切なのは内側から変わることなのです。

内側から変わることは漸進的なのです。少しずつ少しずつ子どもたちは人間として成長していくのです。怒鳴っても決して子どもは変わりません。その怒鳴り声に合わせるだけで、子どもの感覚が鈍化していくだけです。大声を出して指導している気になっているのは教師だけなのです。

大切なのは目の前にいる一人ひとりの子どもであり、その子どもたちの姿の中に可能性を感じられることなのだと思います。その時その時を全力で過ごす子どもは、時に教師の考えも及ばない行動を取ることがあります。天真爛漫だから魅力的で可能性を感じるのです。それが子どもなのです。だから一緒に遊び、黙って見つめ、忘れてしまった子どもの心や行動を思い出し、感じ取っていくしかないのだと思います。子どもを学ぶしかないのです。

そして、人類の文化遺産である教材を使い、子どもの心を耕していくその積み重ねの中に子どもたちは人間としての成長の足跡を印すのです。

また、子どもたちは一緒になって遊んでくれる先生が好きです。子どもは子どもたちで遊べばいいという論理は大人が都合よく使う言葉のようにも思えます。一緒になって遊ぶ中から教師を肌で感じ、先生と自分たちの距離を消し去っていくのです。反対に教室で一人絵を描いている子もいます。友達と遊ぶよりは居心地が良いのかも知れませんし、いつも外で元気に遊ぶことが必要だとは思いません。大切なことは、色々な子がいるということ、そして、教師自らの心の中にそれらの子どもたちを覚えておくことです。そして、一日のどこかの時間に必ず声をかけるのです。

教師自らが子どもに声をかけ、一石を投じるのです。

一日を振り返り、担任が一人の子と何も話さなかったと気が付いたら、そして、それが自分の心の中に、すぐ浮かんでこない子だったりしたら、哀しくありませんか。その子は今日一日何を考えていたのか、どんな思いだったのかと心を巡らすことは子どもたちを大切にする具体的な一歩なのだと思います。先生のそんな優しさを子どもが肌で感じた時、子どもの方からやって来ます。

もう一つ気になることを書いておきます。長年現場にいて気が付くことの一つに、子どもと一緒になって大笑いする教師の声は、意外と少ないのではないだろうか、ということです。

職員室に戻って先輩や同僚と色々なことを話すことも大切ですが、学校の主役は子どもなのです。子どもたちがいるから学校があるのです。先生が偉いのではない。先生達のために学校があるのではないと私は思います。教師は子どもと同じ土俵に立ち、子どもから学ぶのです。

このような思いを体中に満々とたたえて、厳しい現実に立ち向かうために授業が大切なんだと思える教師群はいるものです。決してその人達が正当に評価されているとは思わない現実を見てきましたが、その人達に私は満腔からの敬意を表したいと思います。その人達は必ずや授業の醍醐味を知るでしょう。子どもたちの本当に美しい笑顔を見ることができるでしょう。怒ったり怒鳴ったりすることの無意味さを知るでしょう。自分がどうして教職を目指したのかの原点に立ち戻った時、心から納得がゆくでしょう。

若き教師に願いたいのは「焦らず、現実に負けないで、授業とは何か、学びとは何か」をこつこつと追い求めていく逞しくも気高い志の持続です。教師自らが自己回転し、子どもたちを自分以上の人間に育てたい、成長してもらいたいという願いをいつまでも絶やさないで欲しいのです。

そういう教師は子どもの心にいつまでも生き続けると信じています。

平成十九年四月

阿部直久

目次

第一章　「やまなし」の授業

―「授業記録」と子どもの成長―

掛け軸「シクラメン」６年生

まず初めに読んでいただきたいのは二〇〇七年一月三十一日に行った「やまなし」の授業です。「やまなし」を誰かが見ている前で授業したいという願いは以前から私の中にありました。これは人事評価のために校長・教頭が見に来た時の授業です。本来なら授業を参観したのですから、この授業についての具体的なコメントが欲しかったと思います。人事評価のための参観であっても、子どもたちのための人事評価・授業参観が本来の目的だと思います。評価のための評価からは何も生まれません。子どもたちのための参観ならその授業について、具体的な話がなければなりません。形式からは何も生まれないし、学習の中の子どもが生き生きしているのかぐったりしているのかが、学校での子どもたちの行動に出ていることをよく認識して欲しいと思います。

そんな意味からも、評価する側には責任も能力も本質を見抜く力も必要なのだと私は思います。

この授業は子どもたちが書き込みをし、子どもたちが疑問に思ったり話し合いたいと考えたことを誰かが話し出し、それを繋ぎながら深め味わうという内容の学び合いでした。私が話したのは合計で五分にも満たなかったと思いますが、私は、ここでも子どもたちの力に心から驚かされました。

やまなし

宮沢賢治

小さな谷川の底を写した、二枚の青い幻灯です。

一　五　月

二ひきのかにの子どもらが、青白い水の底で話していました。

と始まる「やまなし」には五月と十二月の場面が描かれています。川底に住むかにの子たちが「クランボン」「かわせみ」「やまなし」との遭遇に、驚き・戸惑い・恐怖を覚えおののき、そして安堵する様子が、宮沢賢治独特の表現による美しい世界での出来事として描かれた作品です。

私が授業をしたのは、十二月の「やまなし」との出会いの場面でした。

そのとき、トブン。

黒い丸い大きなものが、天井から落ちてずうっとしずんで、また上へ上っていきました。きらきらっと黄金のぶちが光りました。

「かわせみだ。」

子どもらのかには、首をすくめて言いました。

お父さんのかには、遠眼鏡《とおめがね》のような両方の目をあらんかぎりのばして、よくよく見てから言いました。

「そうじゃない。あれはやまなしだ。流れていくぞ。ついていってみよう。ああ、いいにおいだな。」

なるほど、そこらの月明かりの水の中は、やまなしのいいにおいでいっぱいでした。

三びきは、ぼかぼか流れていくやまなしの後を追いました。

その横歩きと、底の黒い三つのかげ法師が、合わせて六つ、おどるようにして、やまなしの円いかげを追いました。

間もなく、水はサラサラ鳴り、天井の波はいよいよ青いほのおを上げ、やまなしは横になって木の枝に引っかかって止まり、その上には、月光のにじがもかもか集まりました。

「どうだ、やっぱりやまなしだよ。よく熟している。いいにおいだろう。」

「おいしそうだね、お父さん。」

「待て待て。もう二日ばかり待つとね、こいつは下へしずんでくる。それから、ひとりでにおいしいお酒ができるから。さあ、もう帰ってねよう。おいで。」

親子のかには三びき、自分らの穴に帰っていきます。

波は、いよいよ青白いほのおをゆらゆらと上げました。それはまた、金剛石の粉をはいているようでした。


私の幻灯は、これでおしまいであります。

（光村図書　六年下）

やまなしの授業記録

（テープ起こし　森上智子）

子ども　めいめいで音読

（一人ひとりがめりはりのある声で読んでいます。一分くらいで音読の声が一旦静まりました。一度は読み終わったのでしょう。その後、みんなの前で読もうとして手を挙げたり、国語辞典を後ろの棚から持って来る子達もいます。辞書を持って来た子達は言葉の意味を調べるためではありません。言葉の学習は事前に終わっています。話し合いの中で、友達や教師の言った言葉の意味が分からなかったら、自分の理解に合わせて辞書を引いている日常の姿なのです。そして、また、音読の声が大きく響き出します。三分くらいあと、私が一人の子を指名しました。今までの声はスーッと消え入るように静かになりました。はっきりした声が教室に響き渡り、他の子達はプリントに目を落としています。読み終わるとすぐに、一人の子が自ら意見を出しました。）

三　疑問があるんだけど、十三ページの一行目で「かわせみだ」ってかにの子どもらが言ったわけでしょう。その周りでは、あたりもしんとしていて誰もいないのに、なぜかわせみが来たと思ったんだろう。それは、五月の恐怖っていうか、それがまだ忘れられなくていきなり勢いの強いものが来たから、それで、かわせみが来たんじゃないかなって思ったと……。どう思う。

秦　「黒い丸い大きなもの」とか「上へ上っていきました」とか、「きらきらっと黄金のぶちが光りました」というのは、五月にかわせみが来た時と同じような情景、というか風景。風景というかそんな感じがするの。「黒い丸い大きなものが」というのは、黒く先がコンパスのようにとがっているかわせみのくちばしのように見えて、それで「また上へ上っていきました」っていうのは、魚がかわせみにとられて、その川から外の世界に上っていった時と同じような感じがするの。それで「きらきらっと黄金のぶちが光りました」というのは、魚がひるがえしたような、光に反射して腹がぎらっと光ったから、それと同じような感じがするの。だから、そのかに達は、三さんも言ったように五月の恐怖ってものが頭の中に残ってて、それと今起きた状況ってものがかわせみのものと重なったから、かわせみって思ったんじゃないかな。

佑　五月の情景が、あのいやな五月だけど、今は十二月だから七ヶ月経ってる。だから、その七ヶ月でも恐怖が忘れられないっていうか、そんな感じに思うから、本当に怖かったというか、そういう感じだから忘れていなかったんじゃないかな。

出　八ページに「コンパスのように黒くとがっているのも見ました」って書いてあるでしょう。こっちでも「黒い丸い大きなものが」って、やまなしがかわせみに見えた。二匹のかににとってはかわせみに見えて、十二行目には、「二ひきはまるで声も出ず、居すくまってしまいました」ってことだからそれ程の恐怖を味わって、そこで「黒い丸い大きなもの」が落ちて来て、またその恐怖がよみがえってきた。それが全身によみがえってきたんじゃないかな。

長　「天井から落ちて」って所でも、前にかわせみが来た時も「いきなり飛びこんできました」で同じような感じっていうか、さっき佑が言ったように七ヶ月経っても忘れられない恐怖ってのがあって、それとやまなしが落ちて来たってのが合わさって見えたから、かわせみだって言ったんだと思う。

木　前にかわせみが来た時も、一回かに達は見てるから、天井から魚を襲おうと沈んでったと、こういう条件がそろってると思うの。それで「上へ上って行きました」って書いてあるから、前の八ページの所にも「上の方へ上ったようでしたが」って書いてあるから、その時の様子が同じというか、そういうふうに感じられるから、それでかわせみだと思ったんじゃないかな。

石　川の中に、みんなのすぐ近くの中に何かが勢いよく落ちて来るってことは、葉っぱとかならあるかも知れないけど、すごくたくさんあることじゃないと思うの。だから前あったことと重ね合わせて、それで似てたから、多分かわせみだと思ったんだけど。前はまだ幼くって初めての事だったから声も出なくって動けずに、頭の中も、今まであったことをよく分からずって感じだったと思うけど、今度は声が出て、首をすくめただけだったから、とりあえず、お父さんがいろいろ説明してくれて少しは前よりは安心だったんだと思う。

◆

一人の子が躊躇なく切り込んだことが、この話し合い・学び合う学習の出発点になりました。そして、子どもたちは先を争うこともなく言葉をつなぎ合っていくのです。

普通なら、

①「黒い丸い大きなもの」とはなにか?
②子どもらのかには、なぜ「黒い丸い大きなもの」を「かわせみ」だと思ったのだろう?
③五月と十二月を対比して違いを考えよう。

と、色々な発問は考えられるでしょう。この場面は、まさに五月と十二月の対比でかにの子どもたちの恐怖心が表されている重要な場面なのです。だから、五月の「居すくまる」と十二月の「首をすくめる」の違いを問うこともできるし、子どもたちとは対象的なお父さんかにの「目をあらんかぎりのばして、よくよく見てから」との落ち着いた態度に、「お父さんかにはトブンを聞いてかわせみだとは思わなかったのだろうか」と問うこともできます。その場合は五月の「ぎらぎらする鉄砲玉のようなもの」「飛び込んで」と十二月の「トブン」「天井からずうっと沈んで」を比べれば、スピード感・迫力など、地の文の描写そのものに緊迫感や危険性があまり感じられないことが読み取れるでしょう。

予定した問いを発したり様々な子どもたちの意見に方向付けをすれば、一定の時間内に教師がねらった内容に近づけるという意味では目的的で、時間配分も計画的で効果的でもあるのでしょう。授業は意図的な営みだからそれが悪いはずはありません。

しかし、子どもの意見をじっと聞くという教師の姿勢のもとで、子ども自らが「ここは何でだろう」「ここはどういうことなんだろう」との思いを口に出し、一人ひとりが意見をつなげていく姿は、そのこと自体が学びの世界にどっぷり入っていて、主体的に学んでいる証だと思います。

任意の一人の思いを他の一人ひとりが、自分たちの思いとつなぎあわせて考えていく。その様子が驚くほど自然なのです。端から見れば、どうしてこう意見が続くのか、不思議な光景に映るでしょう。子どもたちは学び合うことを楽しんでいるのです。子どもたちは、友達の意見を聞くことで自分のイメージが拡大されることを喜んでいるのです。何よりも、この一時間をとても短く感じているし、自ら発する意見をみんなへ伝えたい気持ちが込められ、読むこと・話し合うことの楽しみや喜びを共有してるのです。具体的な文や言葉が示された友達の意見を聞くと、子どもたちはその様子が書いてあるページを見返しては今の状況と比べ・考え・意見をつなぎます。その動作はとても速く、どんな意見でもおろそかにされることはありません。

そんな中に多くの子の意見とは違った思いを持つ子が必ずいます。それが貴重なのです。その意見や疑問が自然に子どもの口から出るから楽しいのです。

そこには「問う・答える」「教える・教えられる」と言った固定的な構造は存在しないのです。教師自らが子どもの感性を信じ、それが表出されたことに感動し、その重要性を指摘しておくことが日頃から大切なのです。結果として、子どもたち一人ひとりが互いの話に耳をそばだて、みんなで考え合うという学びが生まれてきます。当然のように教師もまた、聴き合い考え合う一人の仲間なのです。

次の意見も自然に出されたものです。

甲　前、五月にあったのは、「はっきりとその青いものの先が、コンパスのように黒くとがっている」って書いてあるけど、こっちは「黒い丸い」って書いてあるから、なんで丸いのにかわせみに見えたのかなって思う。

小　五月の時もいきなり飛び込んで来て、十二月ってのも、「そのとき」って言うと、いきなりっていう感じがするから、だから、かに達は普通に話してたんだけど、いきなり音とかよりもスピードがすっごい目に入ってきて、ものはよく見えなかったんだけど、速さという感じがずっと前のかわせみと同じだったから、反射的にかわせみだって言っちゃったんじゃないかな。

伊　丸いとか、そういう形には関係なくて、丸いから違うなって分かってもいいかも知れないけど、でも、水に飛び込んできた勢いが似てたというか、第一印象でかわせみだっていうか、それが似ているというか、同じように見えたからかわせみだって……。

甲　兄さんのかには、五月ではそのとがってたのを見たんでしょう。それも第一印象ってことで、丸いってのは違うから、何か……。

◆

子どもたちは、五月と十二月の状況や心情について類比と対比を軸に話し合っています。甲君のように、「何で丸いのにかわせみ」と自分の思いを率直に出せることは本当に素晴らしいことなのです。でも、友達の意見が腑に落ちないので食い下がっています。しかし、それは、互いに相手の話を受け入れないというような姿勢ではありません。直接子ども同士が教師という介在者なしに対話しているのです。子どもたちの関わりは濃密です。文や言葉に引っかかりながら、穏やかな言葉で互いに考え合っている空間が存在しているのです。そこには相手の意見をせせら笑ったり、面倒がったり、疑問そのものを軽視する姿は全くありません。一人ひとりの意見をみんなが共感して聞くという背景が支えているのです。

私は感心しながらも、一言も聞き漏らすまいとこの展開に身を置いていました。私が口を挟んだら、今話し合われている流れが壊れてしまうとも感じました。

長　「上の方へ上った」って、五月の、なんか書いてあるのね。で、十二月ってのも「また上へ上っていきました」って書いてあるの。そこもかわせみってか、そのような気がしたっていうか。で、「きらきらっと黄金のぶち」っていうのも、さっきも秦が言ったように、「魚の白い腹がぎらっと光って一ぺんひるがえり」ってのと重なるから、だから、かわせみだって感じじゃないかな。

内　一度こわい目にあったら、普通なんかこわい目にあわないように警戒するじゃん。だから少し似ているので、かわせみだって判断しちゃうんじゃないかな。

佐　かに達も頭と心とに焼き付いたんだと思うんだけど、それだけ声も出ずに居すくまってしまったんでしょう。それほど怖かったってことなんだから、そんな一ヶ月や二ヶ月とかで忘れられないじゃん。そんな一度に恐怖がいっぺんに来たわけだから、それを忘れるってことは大人でも難しいと思うの。だから、この時は、とがってないからかわせみじゃないなとか、そういうことは考えられなかったし気づかなかった。ここは一瞬の出来事だったたから「トブン」って飛び込んで来たのはかわせみだって、さっき内も言ったように警戒したんじゃないかな。

秦 なんか冷静になるまでの時期がまだ早いっていうか、前みたいに、居すくまるほどではなかったけど、でもお父さんみたいに、それが何だったのかって、ものをよく見るとこまで冷静になれてないっていうか、いくらこの前やったような兄さんが冷静だったとしても、だけどそこまでいっていないっていうか、まだ大人になっていないから、だから似たような条件が来ただけでそういうふうに思っちゃうんじゃないのかな。

三 前、かわせみが来た時も、黒い物がいきなり来たわけでしょう。だから、それと同じようでこれもいきなり黒い物が飛び込んだというか、いきなり何か落ちて来たからそれと全く似ている。かに達にとっては、それが全く同じように見えたと思うんだ。だからその恐怖心がまだ忘れられなくって、確かに、先はとがってなくて丸いんだけど、でもそれがかわせみだと、それが黒いからかわせみだと思っちゃって、それでやっぱそういうふうに考えたと思うんだ。

臼 ここには、「天井から落ちてずうっと沈んで、また上へ上っていきました」って書いてあるのね。「ずうっと沈んで」ってことは下の方までしっかり沈んでから上がって行ったって感じがするの。そんなにスピード、結局、やまなしだったから、そんなにスピードもついてなかったんだと思うの。確かに、秦ちゃんとか三さんが言ったように、条件とかはかわせみが来た時と同じような状態だったと思うんだけど、時間が、そのくらい時間があったからもう少し冷静になれてたんじゃないかなと思う。

長　さっきも佐が言ったんだけど、頭にかわせみの恐怖ってのが焼き付いてたと思うの。それもさっきも言ったように全部が重ね合わされてるっていうか、「首をすくめて」って言ってるほどだから、だからかわせみって思ったんだと思う。

三　「ずうっとしずんで」っていうのは、かわせみがこう来た時、魚を獲ってと重なって、その「上に上って」ってのも、かわせみが魚を獲って行ったのと多分似てると思うんだ。だから、一瞬の出来事ではないと思うんだけど、でも、かに達たちにとっては恐怖心がわいてきて、それで首をすくめた状態になってしまったっていうか。小さい時の恐怖心というのはそう簡単には治らないと思うから、なんか特にいきなり来た時なんかすごい怖がって、何も言えなくなっちゃうと思うんだ。だからこれはそういう状態で、だから何も言えなかったんじゃないかな。

成　一番最初に「クラムボンは笑ったよ」って言って遊んでるじゃん。笑って、川で。さっきも「ぼくの方が、わぁ、大きいよ」って川で遊んでたんだけど、その二回目の遊んでる時には確かに楽しく遊んでるけど、かわせみっていうのが心の底にあって、確かにこの前のかわせみの時よりは動きがゆっくりかも知れないけど、何かが入って来たと同時に、それが急に出て行ったって、全く同じ動きではないけど、そのかわせみっていう言葉がとたんによぎったっていうか。

伊　小さいこともあるけど、いくら冷静でも後ろから「わぁー」って驚かされたら、なんか怖いっていうかびっくりするでしょう。それと同じようにいきなり来たらびっくりして、それで動きが似ていたから、かわせみだって。

甲　でもさ、さっきから小さいうちからって言ってるけど、まだ七ヶ月しか経ってないから小さいとか、……小さいというと（生まれて）二、三年とか。だけどここは、七ヶ月だけだから、小さいというか、……そんな経ってないんじゃないかな。

丈　ここには、「（かにの子どもらは）よほど大きくなり」って書いてあるわけだから、人間にとって七ヶ月というのは少ないかもしんないけど、かににとっては七ヶ月が大きいというか、かににとっては時間が長いっていうか、そういうことで、ここでは小さいっていうので平気なんじゃないかな。

内　人間とかには、時間というのは、ちょっと違うわけじゃん。七ヶ月というのは、人間はまだ一年も経たないで大きくなったとは言えないんだけども、かにの子どもらは七ヶ月もたったら、もうとても大きくなるというか、なんか人間とちょっと時間が違うんじゃない。

前　今言ったように、動物でも犬でもそうなんだけど、一ヶ月でも、動物が一ヶ月で生まれたとしても人間では半年くらいの生命っていうか、動物も早くて、かにも同じように動物と一緒で人間とは違って一日が長く感じるからやっぱりこの場合では七ヶ月ってのは多いと思う。

沢　七ヶ月って言うと人間でもイメージより小さいっていうか、生まれたばっかりで七ヶ月って言うとまだ赤ちゃん？　って感じがするんだけど、かにだとなんか人間とはなんか違うっていうか、同じ月日が流れたとしても成長の仕方が違うっていうか、そういうのがあるから、かにには大きくって成長してるとは思うのだけど、それは恐怖というか、反射的にかわせみだっ、と首をすくめたんじゃない。

甲　かにと人間は寿命が違うというか、だから、恐怖心までなくなったわけではない。

◆

後で紹介しますが、二番目に赴任した羽鳥小学校での授業「最後の授業」とは、かなり形態が違います。そこでは確認のために教師（私）が子どもの意見を繰り返したり、反駁のつもりで言葉を挟んだりし、それが結果として教師の解釈にこだわり、近づけるような話し合いの舵取りになったりもしています。ここなら、これが類比でこれが対比と、「五月」と「十二月」を具体的に板書し、この物語の中での位置づけや宮沢賢治の世界に近づけることも可能でしょう。

勿論それを否定するつもりはありませんが、じっと子どもの意見を聴いていると、教師自らが心から楽しめるのです。教師が「ここはこうで」と存在をアピールすることが不自然にさえ感じるのです。何もしないのではなく、教師が子どもに感動し子どもの言葉に聞き入ることは「教師の仕事」を放棄しているのではありません。子どもたちも先生の存在は十分認識しています。このような学習空間のできてきた経緯をみんなが知っているのです。教師に事前の教材の解釈はあっても、子どもの意見に添ってその時々を全力で考えているのです。

子どもたちが自らの思いをためらいなく表出し、柔らかな雰囲気の中で考え合えるためには、教師は「聴く」という立場に徹底することが大切なのだと思います。勿論、教師が黙っていて子どもが自ら話し出すことはありません。ここで疑問を出している甲君は、現に五年生の時は全くしゃべらない子だったのです。

何も言わない子、何も言えない子が話し出すことは画期的なことなのです。その子の中では革命的なことなのです。上手く自分の考えをまとめられないという自信のなさから発言できない子、何を言えばよいか分からないという学習内容を理解できていない子、変な意見を言ったら恥ずかしいと人の目を気にする子など、色々な子がいます。しかし、自分の思いを言えた時には皆同じことを言います。「あぁ、すっきりした」と。「時間が短く感じた」と。

「学習の主体は子どもである」とはよく聞く言葉ですが、本当に主体と言うならば、自らが問いを持ち、自らがそれを追求しなければなりません。そして、その問いを友達と共有する過程で共に考えることが快い空間を作り出し、友達に感謝でき、結果として時間の経つのを早く感じ、次への意欲を覚えることにつながっていくのだと思います。

同時に「指導の主体は教師である」という言葉もよく聞きました。確かに教師が何もしない一時間などあり得ないと思います。しかしそれは、教師がその時間の殆どを話しているということとは全く異なるものです。「聴く」ことに徹することは勇気が必要です。一方では、子どもたちが話せるように書き込みを指導したり、二人組での話し合いなどにも計画的に取り組ませることが大切です。話し合いのためには、事前の段取りに思索や工夫がとても大切になっているのです。

石川小学校は廊下と教室の壁がないオープンスクールでした。そこでは両隣の授業中の様子が細かいことまで伝わってきます。教師は説明する、注意する、伝達することに力を注ぎすぎなのかも知れません。日常生活の中に一人の子の良さや特長は多々見られます。しかしそれは、見ようと努力しなければ何も見えないものなのです。教師の思うように行動する子を育てるのが教育ではないし、教師の思惑通りに適応できない子を○○シンドロームなどと決めつけることもあってはならないことなのです。

子どもの可能性は、伸びることもあれば消えてしまうこともあることを体験的に見てきました。物事に真面目に取り組んでいた子が鋭い目つきになって荒々しい言葉を発する場面、逆に、落ち着きがなく大声で騒いでいた子が相手の立場を考え言葉をかけたりする場面など、子どもはどのようにでもなってしまうというのが、私の「体験智」なのです。

授業の中でも最初から発言できる子は、どのクラスでも限られているものです。手遊びしていたり、手紙を書いている子を見ることも多々あります。そんな時は「授業がつまらないのかな?いつかはこの子の顔を上げさせるような授業をするぞ」と、まず自分に矛先を向けるべきです。そして、どんな些細なことでもいいから言葉をかけ、国語なら音読させ、単語的な発言にもその良さを見いだし、意味づけ、それを拡大してみんなに紹介することが大切なのだと思います。

教師が一方的に説明し・反復させ・知識や規則を押し付けるクラスからは、結果として人に関わることができず、友達の存在にも疎い子が生まれてしまうのだと思います。そのような日常からは生き生きした子どもの顔が見られないのです。教師自らが、謙虚に子どもの話を聴くことを、いつの間にか忘れてしまっているのかも知れません。

この甲君の学習中の様子を振り返ってみると、教育の基本を考えさせられるのです。

臼　違う所に入るんだけど、お父さんのかには「ついていってみよう」って言ってるでしょう。どうして、「ついていってみよう」って言ったんかなって思ったの。私はやまなしを見せてみたかったんじゃないかなって思うの。やまなしを、入って来ただけでかわせみと間違えちゃうくらい、まだやまなしのこと全然知らないわけでしょ。だから少しくらい知ったって……自分たちの住んでる川にどんなものがあるのか知っといてもらおうって思ったんじゃないかな。

三　それもあると思うけど、ここではお父さんがすごくやまなしが好きだったんじゃないかな、ってこともあると思うんだけど。確かにやまなしをかわせみだと間違えたから、やまなしをどんなものか教えてあげようと思ったのもあったと思うのだけど、お父さんの会話文を見ていると「ああ、いいにおいだな」とか、「ひとりでにおいしいお酒ができるから」とか、ものすごく、やまなしがおいしそうな言い方をしている、そんな感じがしたから、やまなしが好きで、子どもたちにもやまなしのおいしいっていうか、そんなところを教えておきたかったというか。

石　なんか、臼ちゃんの意見も入ってると思うのだけど、さっき三さんも言ったように、おいしいお酒ができるってことを知ってるってことは食べたことあるってことだと思うの。で、ここに「その横歩き、底の黒い三つのかげ法師が合わせて六つ、おどるようにして」って書いてあるから六つが踊るようにしてってことは、踊るほど嬉しくってうきうきしてたと思うの。だからお父さんは寝るのも忘れて、寝るのを忘れてたかは分からないけど、それくらいやま

衣　なしが好きで嬉しかったんじゃないの。
やまなしは滅多に見られないでしょう。この十四ページには「どうだ、やっぱりやまなしだよ。よく熟している。いいにおいだろう。」って子どもたちに言ってるでしょ。多分お父さんはやまなしを知ってたんだけど、めったに見られない。子どもたちも見たことないだろうから、だからすごい興味があったというか、すごい、何か嬉しそうについて行ったと思う。

出　このやまなしってのはさ、この季節にしかないものなんじゃないかなっと思うの。五月の時にはやまなしってのは出てこなかったでしょう。でもなんかここでは出てきて十四ページを見ると「よく熟している」っていうふうな形で表す。だから実が重たくなってきたと思うの。だからここでは、この季節でしかないやまなしが落ちて来たから、それでなんか嬉しくなったんじゃないかな。

秦　出の意見で表されているような気がするんだけど、五月の時は、やまなしってものが熟してる途中っていうか、下手したらまだ小さい実にしかなっていなかったと思うの。よく分からないけどね。けど十二月になって実がどんどん重くなって落っこって来て、それでよく熟して川の中がいいにおいになるわけでしょう。この時期にしか味わえない幸せっていうか、味っていうか、そういうものがあって、それでその上お父さんが好きだから、兄弟たちに見せてあげたかったんじゃないのかな。

悠　出ちゃんの意見もいいと思うし、私は三さんの意見と臼の意見がすごいいいと思ったの。「よく熟してる。いいにおいだろう。」ってことは、お父さんはこのやまなしのことが好きだったと思うの。さっき出ちゃんが言ったように、五月の時はやまなしってのは落ちてこなかったんでしょう。やまなしっていうのは辞書では載ってなかったんだけど、予想では「お酒ができる」とか、「熟している」とか書いてあるから、多分、果物みたいな感じなんだと思うの。それは十二月の季節の食べ物っていうか、それをお父さんはやまなしっていうのは珍しいから、しかもお父さんは多分やまなしの事が好きだから、お父さんの好きな食べ物を子どもたちに見せてあげたかったたっていうか。ほんとは、最初は、「もうねろねろ」とか言ってたんだけど、好きなやまなしがあったから、それを子どもたちに見せてあげるっていうことなんじゃないかな。

◆

子どもたちは「○○さんも言ったように」とか「○○ちゃんの意見がすごい良いと思う」と言って後を続けます。友達の意見を本当に良く聞いているのです。「○○ちゃんと同じです」と言って黙ってしまうことはありません。友達の意見をつないで「自分がいる」ことをみんなに伝え、自分の意見を更に広げてくれることを期待しているのです。

確かに同じような内容の意見が続いていることは承知していますが、まずは肯定的に聞くことが大事なのです。一つの意見を聞く場合「なるほどいい意見だね。でもさ……」という聴き方と、「ちがうよ、そこはね……」という聴き方では、発言する者の気持ちにも、周りにいる友達の気持ちにも天地の違いを感じさせてしまう。話せるということは、肯定的に聞く存在がいる・否定されないということが大切なのです。教師も子どもも、これが出だしなのだと思います。

時には子どもたちに話の聴き方を指導しなければならない時もあります。「学び合うことが大切であり、人間は誰でも間違いや失敗をするものだ」と、そして、「誰にでもその人でなければできないことがある」と私は話します。つまり、学び合う関係を築く教師の在り方が大切なのだということです。でも最も大切なのは、教師が子どもの話を全力で聴くということだと思います。対立軸を明確にしたり葛藤を鮮明にしてどちらが正しいのかという授業もあるでしょうが、そして、それは、教材にも拠るでしょうが、一人ひとりの子がその時々のイメージを語った言葉はたとい似ていてもどこか違うニュアンスがあると思います。それを聴き合い、広げ深められることが大切なのだとも思います。

そして、次の疑問がおもしろいのですね。分からないことを分からないと言えることは、学ぶという営みの中で子どもたち同士が考え合う仲間になっていることの証明なのです。

甲　「ひとりでにおいしいお酒ができる」ってところで、お父さんのかには多分川から出たことがないと思うの。でもお酒ができるってことはどういうことかな?

子ども　どういう意味?

甲　お酒ができるって、だれかがつくるってことだと思うの。だけどお父さんのかには出たことがないと思うから、お酒ってのはどういう意味なのか……。

秦　それは、うちらの思っている、知ってるお酒とかにのお父さんが思ってるお酒ってものが違うんじゃないかなって思うの。うちらが思ってるお酒ってのはアルコールが入っていたりだとか、そういうものだと思うのだけど、だけど果物の中にアルコールが入ってるものってないと思うの。だからかにが思っているお酒ってものと、人間が思ってるお酒ってものの違いっていうのがあるんじゃないのかな。

航　もし、ここで人が本当に酔うお酒とかだったら「もう二日ばかり待つとね、こいつは下へ沈んでくる、それからひとりでにおいしいお酒ができるから」っていうのがとても合わないっていうか、子どもはお酒とか飲まないから。このやまなしが、かなり熟している、そういうのをお酒みたいに、そういうふうに言ってきてる。

三　汁っていうか果物かどうか分からないけど、熟しているって言うんだから、多分それでおいしい汁っていうか、そういうのが出て来るっていうのでお酒じゃない。

丈　なんかそういう意味なんじゃないかなって思うのだけど。だってなんか子どもに本当のお酒は用いちゃいけないっていうか。十八歳以上でないといけないって言うから（子どもたちの笑い声）、飲ませちゃいけないと思うんだ。かにも子どもだから、そういうことを考えると、やまなしの果汁とかそういうのじゃないかと思う。

小　ぼかぼかって書いてあって丸いんだかよく分かんないんだけど、りんごみたいにそんな丸い形だと思うの。（「あぁ」、子どもたちの頷く声）だからそういうのだったら、よく熟したらお酒にはなんないけど、果汁っていうか、よくしぼれると思うから、お酒ってのはアルコールとかそういう意味ではなくて、汁じゃないけどそういうのをお酒って言ったのだと思う。

木　おいしいものができるって意味でお酒って書いたんじゃないかな、って思うのだけど。さっき丈が言ったみたいに、お酒ってのは子どもが飲んじゃいけないっていうか、そんな感じがするから、この場合で言うとおいしいものっていうか、なんか小が言ったように汁みたいなものって意味なんじゃないかな。

前　子どもが飲む飲み物っていうか、ジュースみたいに甘い感じだと思うの。このお酒ってのは、大人にとってはおいしいと思うの。だからそれでお酒っていうふうに言ってるんじゃないかな。

甲　最初、そう思ったけど、なんか「ひとりでに」ってことは、そのやまなしから出る果汁が川の水と混じって飲み物になるってことなんだ。

T　素晴らしい話し合いだね。今日の場面をもう一回、紀さんに読んでもらおう。また何か疑問があったら話そう。

紀　読み（声にめりはりがある。「カワセミだ」を強く読む。他の子達は真剣に本文を見ている）

木　「波はいよいよ青白いほのおをゆらゆらと上げました」って十四ページに書いてあるでしょう。前に青白い火って、月が水面に映ったたって言ってたでしょう。この場合はほのおっていう、火が大きくなったっていうかそういう感じがするんだ。この場合、月が大きくなっちゃうから、これはどういう意味だろうなって思ったんだけど、どう？

松　夜遅くなっちゃってるから月の光に見飽きてるっていうか、そのまだ夕方だったら月は光ってるけど、そこまで明るく照らさないけど、「さあ、もう帰ってねよう」って書いてあるからもう遅いと思うの。だから月のあかりもその分目立ってて、その分青白いほのおが強くなった。航、松ちゃんが言ったように、さっきは夕方、まだ明るいうちだったと思うの。でも今は夜っていうか、「もうねろねろ」とか言ってるから、だから夜だと思うの。月の光がより光を増すっていうか、それで波と一緒にゆれてたんでそれで青白いほのおに喩えたんだと思う。

三　夜遅くなってくるうちに空はだんだん暗くなっていくわけでしょう。それで月もさらに光を増して、それでその光がさらに輝きを増したから、大きな炎に見えたんじゃないの。

伊　火はちっちゃいっていうか、熱さっていうか、ほのおはものすごい勢いで燃えるっていうかそんな感じがするから、だから月の光のことを言っていて。さっき松ちゃんが言ったので、夕方だったら月の光は薄いっていうかまだ明るくないから、これは夜になってすごく明るくなった。

木　月の光って言ったら、青白い火って言ったらもともと月のことでしょう。月が水面に映って。それで月の光っていう月の光自体が青白いほのおってことになるから、この場合は自分で言うのも変だけど、月の光じゃなくて月自体が大きくなったみたい。なんか、月の光が強くなって、月自体が大きく見えたんじゃないかなって思ったんだけど。

臼　なんかこれは、月が時間が経って真上に上がって、さっきは谷の影かなにかで高くなっていくと、上に上がっていくごとに、だんだん真っ白けになっていく気がした。

長　「それはまた金剛石の粉をはいているようでした」って書いてあるでしょ。これは月だったら、「いよいよ青白いほのおがゆらゆらとあげました」っていうのは、今、臼が言ったみたいに月って、ちょっとだけ分かるんだけど。「金剛石の粉をはいているようでした」ってなんかそこがちょっと分かんないんだけど……。

◆

教室中にゆったりとした空気が流れていることを感じています。時にはみんなで笑ったり、「あぁ」と頷く声が聞こえたりします。このこと自体が一人ひとりの結び付きを意味します。子どもたちの語る言葉を聞いているだけで、時間の経つのを忘れてしまうくらいです。

今までの実践から言って、子どもたちが話をつないで物語を味わい、イメージを深められるには「書き込み」が重要な役割を果たします。このような学習の初期の段階では、書き込みをもとに二人組での話し合いが大切だし有効だと思います。書き込みのためには「やまなし」の本文をやや大きめにし、全文を印刷して子どもたちに渡します。（この授業では書き込みはしましたが、二人組の話し合いはしていません）

「やまなし」の書き込みを一部紹介します。

優しい感じの音だ。

そのとき、トブン。

トブンを聞いてすぐに「かわせみだ」と思ったのか？　周りの様子を見る余裕はなかったのか？　怖さで体が動かなかったのかな？

黒いまるい大きなものが、てんじょうから落ちてずうっとしずんでまた上へ上って行きました。
キラキラッと黄金のぶちがひかりました。

「ずうっと」ってことは時間があって、しっかり見たんじゃないかな？　目が引きつけられた。
少しは落ち着きがあるけど、キラキラの光も恐怖心を大きくした。その瞬間、身を守った。

今度は何が起きたか分かった。落ち着いた行動に感じる。かわせみだと思った。

「かわせみだ。」

五月のことが頭をかすめ、とっさに首を縮めたと思う。

今度は自分から体をかたく小さくして警戒したんだと思う。

子どものかには首をすくめて言いました。

お父さんかには、どうしてこんなに冷静だったろう？　トブンや沈むようすから分かったのか？

お父さんのかには、遠眼鏡のような両方の目をあらんかぎりのばして、よくよく見てから言いました。

ここでは数人の子の書き込みをまとめて紹介していますが、四年生で詩の書き込みをした時は「国語のクラス便り」（国語通信）として保護者に紹介したり、渡した時に全員で読み合うことも何度かありました。

◆

別件ですが一例を示します。四年生の九月二十四日に取り組んだ詩の書き込み（一部分）です。
九月の夜

新川和江

まくらに耳をおしつけて
眠ろうとしていると
もりり　きゅるる　もりり
うら庭のたんば栗が　いがの中で
おしくらまんじゅうをしながら
そだつ音が　聞こえる気がする
ひとつ部屋に
並んでねているいもうとよ　おとうとよ
ぼくたちもきっと
もりり　きゅるる　そだっているんだね
耳をすまして聞いているのは　だれかしら
九月の夜
まくらに耳をおしつけて
眠ろうとしていると

裕　これは、ねむれなかったんだと思う。

岡　耳をおしつけてねむろうとしているってことは、どうしてもねむくならなかったんじゃないかな。

（**先生**　**裕**さんも**岡**君も素晴らしい書き込みをしているね。しずかなしずかな夜だったんだと思う。ねむろうとして、なんども、なんども右がわになったり、左がわになったりしたのかな？「耳をおしつけて」と書いてあるから、ねむろうとして力を入れ

とうさんとかあさんかしら
それとも　いつも目ざめている
神さまという方かしら
『星のおしごと』（大日本図書）

たのかな？）

豊　多分、ねむろうとしていたんだけど、何か気になったと思う。

（**先生**　いいねぇ。この意見を話し合いの中で言ってほしいなぁ）

もりり　きゅるる　もりり

板　「もりり」、大きくどんどん変わる。色も変わる。育つ。「きゅるる」どんどん場所がせまくなる。

清　たんぱ栗が歌っていたり話していたりしている。おしくらまんじゅうしてるんだから、「よいしょ！　よいしょ！　ガンバロウ」おしくらまんじゅう、ガンバレ、ファイト」と、お祭りというか、遊んでいる気がする。

優　くりがイガの中でふくらんで、ぎゅうぎゅうずめになっている音。

塚　これは、たんばぐりが育つ音なんだと思う。

茶　もりりは、どんどん大きくなって、体がこすれあったりしている音。

等々、自分のプリントに書き込みを終えた子は、「誰か終わった人いない？」とみんなに声をかけ、次に終わった子と二人組になり互いに書き込みを紹介しながら、それぞれの疑問について話し合います。こうして全ての子達が、原則的には二人組になって話し合うのです。担任はそれぞれの側らに行って、具体的な文や言葉を根拠にして話すことを促します。時にはわざと別な考えの人達を紹介し思考の幅を広げさせたりもします。書き込みと二人組での話し合いで一時間を費やすこともありますが、慣れてくれば各十分ぐらいで全体での話し合いに入れます。

また、子どもたちの書き込みをＢ４にまとめて国語通信として紹介することも大切なステップです。そこにはどのように書いて良いか分からない子が「まねぶ・学ぶ」意味もあるのです。子どもの書き込みに担任の励ましや参考意見を書いてあげることも、話し合いをより具体的にするには役立ちます。

このような取り組みが計画的に行われると、子どもたちは自分の意見に自信を持ちますし、友達の考えに興味も持ちます。結果として、自らの疑問や書き込みを話し出すようになります。

長くなりましたが、「やまなし」に戻ります。「やまなし」のこの時間、話し合われた課題は全て子どもたちが自ら出したものです。これはすごいことだと思いませんか。

「金剛石の粉」の課題が出た所で、私は本文に注目させようとその箇所を二度読みました。

T　読み。「波は、いよいよ青じろいほのおをゆらゆらと上げました。それはまた、金剛石の粉をはいているようでした。」（二度読む）、下（欄外に）に金剛石はダイヤモンドと書いてある。すると、波はダイヤモンドの光？

衣　月をダイヤモンドに喩えたっていうか、さっき**臼**が言っていたのに賛成で、前は青白いって書いてあったから、月が真上に上がってなかったから青白かったけど、今度はあまりにもきれいで、月をダイヤモンドに喩えて月の光が鮮明に当たってる。川に当たってダイヤモンドの光のようにキラキラしてて、その光を粉に喩えたんだと思う。

里　ダイヤモンドって感じっていうか、金剛石というのはダイヤモンドのことでしょう。衣が言ったみたいに、ダイヤモンドみたいな光っていうか、ダイヤモンドみたいに光ってるように見えるから、だからダイヤモンドみたいな感じなのかなって思ったのだけど。その光っていうのをダイヤモンドに喩えてるっていうか。

三　多分、粉っていうのが星のことを表しているのではないのかなって思うのだけど、金剛石っていうのは確かに月のことを表しているけど、その真っ暗な夜の中には月だけじゃなくて、いろいろな星もあると思うのね。ここでは「金剛石の粉をはいているようでした」ってことだから、金剛石に喩えた月の周りに点々とした輝くきれいな星がたくさんあるってことで、それを粉に喩えたって気がするんだけど。

T　「それは」って書いてあるからね。

臼　「それは」っていうのは多分前の「波は、いよいよ青白いほのおがゆらゆらと上げました」ってとこの「波」のことで、青白いほのおってのは月の光のことだって言ってたでしょう。月の光のことを青白いほのおって言って、キラキラしているようすを金剛石の粉に喩えたと思うのね。星じゃない（否定）。（三さん、うんうんと頷きながら聞いている）

木　その考え方はおもしろいけど無理があると思うんだけど。

T　そう、考え方はおもしろいのね。（そぅ、そぅと、子どもたち）

木　星とは、僕は思いつかなかったんだけど、確かに、その青白いほのおは水の中から見た月の光だと思うの。「それはまた」だから、この場合のそれは「波」を指していると思うから、だからこの場合は、星じゃないんじゃないかなと思うんだけど。

内　星ではないとは思うのだけど、「金剛石の粉」っていうと、粉ってなんか、細かいからゆらゆらとあげてる時に映像が乱れたとは言わないんだけど、ゆらゆらと揺れた時に月の形がくずれたとか、それでなにかが起こってってことじゃない。

裕　私は、金剛石だからダイヤモンドってことで「粉をはいているようでした」ってことは、光るっていうか、キラキラしてるっていうか、光を表している。粉だから一個一個光っているっていうか、すごい小さいんだと思うけど、それが光みたいにキラキラしているって思った。

T　美はどう思う?

美　これは「青白いほのおをゆらゆらと上げました」というところと「金剛石の粉をはいていた」というのは、なんか色が同じじゃないっていうことが分かったんだけど、私は松ちゃんの意見と似てるっていうかそういう感じなんだけど。なんか月光が、月の光というのが水面に映った時にゆらゆらして、それがほのおにも見えたし、月が粉をはいたっていうか、映った月がゆれて粉をはいているようにも見えたっていうか、そんな感じ。

秦　いくら、穏やかな川だったとしても、波が発生しないっていうか、ゆれないのはないと思うの。ずっと水面が平らっていうことはないと思うの。金剛石っていうのは、映った月が波に揺られて月が乱れたって言ったらおかしいけど月がはなれたっていう、そんな感じになって

広　そこが金剛石の粉をはいてるように見えたんじゃないのかなって思うのだけど。青白いほのおのかけらっていうのはおかしいけど、そういうものが飛び散ったっていうか、それで月が照らして、すごくきれいなダイヤモンドみたいな金剛石の粉をはいているように見えたんじゃないかな。

成　「波はいよいよ青白いほのおをゆらゆらと上げました」って書いてあるから、それは波に映っている月が揺れてるっていうか、本当に揺れているってことだと思うから、金剛石からほんとにキラキラしたものが出ているわけじゃないけど、映っている月の動きが粉をはいているように見えたのかなと思う。

長　最初は、波が揺れてるだけなのかなって思ってたんだけど、みんなの意見を聞いて、映っている月っていうのと波とかが揺れて、それで、金剛石の粉がはいてるっていうか。

三　あと十三ページの七行目に「なるほど、そこらの月あかりの水の中は」の「なるほど」ってところで作者は、説明をしてるような感じがするんだけど、何でここで「なるほど」って書いたのかなって思ったんだけど。作者も説明をしているけど、一緒に考えてるような感じがする。

T　宮沢賢治が語ってる。賢治っていうか物語の語り手かな。

三　はい、でもその語り手も、一緒に考えているような。自分で作ったんだけど、でもそれをかにの子どもたちのような気持ちになって考えているような、っていうか。

木　一緒にやまなしの世界に入っていく自分を考えるっていうか、語り手なんだけど、確かにこれを作ったのは宮沢賢治なんだけど、だけど、その中に入っていくっていうか、やまなしの世界に一緒に入って考えていくっていうか、そういう感じなのかなって思うのだけど。

秦　かにがここには三匹しかいないんだけど、その自分（語り手）の目っていうか、心っていうものが、そのかにの兄弟の隣か、お父さんの隣か分かんないけど、そこにいるような感じで、かにと同じ景色を見て、かにの兄弟が言っていることを目で見て、かにの隣に自分がいるように書いているから「なるほど」っていうふうに言えるんじゃないかな。

小　それに会話文と地の文が一緒だったら全部が一つにまとまっちゃってるような感じがするけど、こういうふうに「なるほど」って分ければ、本当にかにがいるみたいだし、かにがいてそれで初めて「そうなんだ」って知ったような言い方をしてるから、やっぱり「なるほど」とかこういうふうに書くと、かにと語り手がいるっていうところをちゃんと区別できるような感じがするから、だから同じ目で見ている。

Ｔ　すごいね。登場人物の気持ちだけじゃなく、こういうふうに語り手の役割も考えている。この場面には面白いところもあるね。「おとうさんのかには、……遠眼鏡のような両方の目をあらんかぎりのばして」、なんて、両方の目がぐっぐっとのびてくる。

（子どもたち、にこやかに周りとつぶやきあう）

将　如意棒っていうか。（如意棒と口々につぶやきあう、笑い合う）

遠めがねっていうか、孫悟空の如意棒のように伸びて、お父さんの目を表している。

子ども　あぁー（指を二本、又は、手を目の前に持って来て、望遠鏡の真似をしている子が多

い）

航　遠めがねっていうか、望遠鏡でよく見えるように、できる限りやまなしに目を近づけて見ている。望遠鏡のようにして……。

T　最初に吉さんが読んで、次に紀さんに読んでもらって、上手だったね。強弱、それから間が取れて、速さがあった。本当に自分がかにの近くにいてその場の様子を感じられるような読みだった。

子ども　あー、すぐ近くにいそうな……。

T　とても内容のある読みだった。もう一度紀さんに読んでもらおう。最後読んで。

紀　読み

T　聞いていて気持ちが良いね。

以上が「やまなし」の授業です。

◆

「やまなし」のこの時間に二度読んだ紀さんは、話し合いでは何も言いませんでした。日頃から言わないという意味ではありませんが、この時間は発言が聞かれなかったので読みで自分のイメージを表現させたいと思いました。私には、先ほどの読みと何か違いが出てくるだろうとの期待があったので二度目を指名したのですが、期待通りとても落ち着きのある声で読み、特に兄弟のかにとお父さんのかにの会話文を、強弱と速さに違いを付けたり間を取ったりして、あわてふためく様子と落ち着いた態度を表すという起伏に富む朗読でした。そのことを伝えると「ありがとうございます」と、にこっと微笑んだ笑顔が印象的でした。

その子の感想文には次のように書かれていました。

……(前略)……ここでは、おどろいたことがある。五月にかわせみに会った時に、二匹のかには「青くてね、光るんだよ。はじがこんなに黒くとがってるの。それが来たらお魚が上へ上っていったよ」というところで、話し合いにも出てきたんだけれど、五月の時はすごくあわてていて、居すくまってしまった。でも十二月になったら、七ヶ月すぎたってだけで、何か、二匹の兄弟は「かわせみだ」と、前は居すくまってしまったのに、首をすくめたとしても、そこまでは怖くなかったと思う。だから兄弟の成長が改めて分かった時だと思う。でも、やっぱり小さい頃でも大きくなっても、やっぱり魚を怖いところに連れて行くかわせみを怖がっているから、すぐに「かわせみだ」と言ったんだと思う。私はこの物語を、話し合ったり、読んだりして成長したと思う。兄さんのかに、弟のかに、お父さんのかにの会話文を、三匹の気持ちになって読んだ。……(後略)

この子の感想文には五月と十二月では二匹のかにの様子が違っているとが書かれています。五月の「居すくまってしまいました」が、十二月では「首をすくめ」と書かれていることを指摘し、そこに七ヶ月という時間の経過があり、その反応の違いに兄弟の成長があることを感じ取っているのです。

また、青白い炎を問題にした子は次のように書いています。

「クラムボン」。この言葉の意味が「やまなし」を一度読んだ時に一番気になった。なぜなら、普通言葉というのは由来があるはず。しかし、クラムボンという言葉には由来が見つからなかった。そこで僕は、地の文や会話文から、あの言葉の意味を解明することにした。そして、ある地の文と会話文から、クラムボンの正体がつかめてきた。

それは「つうと銀の色の腹をひるがえして、一匹の魚があたまのうえをすぎていきました」と言う地の文と「クンムボンは死んだよ」「クラムボンはころされたよ」という会話文だった。なぜこの二つの文からクラムボンの正体がつかめてきたかというと、魚の上を過ぎていった時、泡も一緒につぶされてしまったから、あの会話文が成り立つからだ。

でも、その次に、頭をかしげるような言葉がまた出てきた。それは「天井では、波が青白い火を燃やしたり、消したりしているよう」という地の文だった。(後略)

この子は宮沢賢治が生み出した言葉に頭を悩ましながら、次々とクイズを解くように問題をおこし楽しんで考えていました。この「やまなし」の世界に浸りきっていると言っても過言ではないくらいです。そして、「最後には、臼が『月が水面に映ったんじゃないか』と言ったので、やっと気が付いた。この時、臼の発想の凄さに驚いた」と、友達と考え合うことの素晴らしさを率直に書いているところがこの子の一番成長したところだと思います。

なぜなら、この子は四年生の時は隣のクラスで、しょっちゅう友達とトラブルを起こし、わめいたり怒鳴ったりしていたのです。オープンスクールは隣のようすが全て聞こえます。

自分の言いたいことだけを言って人の話を聞けない。私が五年生になって担任した時、最初に聞いたこの子の言葉が「だから……」を話の前に必ずつけることでした。それは一音一音を強めた言葉で、そこからは自分が正しく「何度も説明させるな、ちゃんと聞け、めんどくさい」というニュアンスが伝わってきました。

そういう子に「そんな言い方しないで話しなさい」と言っても効果はありません。時間をかけて、何を言いたいんだかじっくり聞いてやるのが一番です。子どもが話を聞けないのは、教師の話し過ぎ（注意のし過ぎ）に関連していると思います。子どもが聞けるようになるには、まず、教師が子どもの話を聞けるかということにかかっていると言っても良いと思います。

大切なのは、教師が「一言も漏らさずに聴いている」という事実であり、その子が認めてもらいたいという表現（訴え）を感じ取ることなのです。

同時に何かに自信がなく無理して虚勢を張っていることも少なくありません。勿論そんなことを本人は気が付いてはいないのだと思います。しかし、何かが苦手であることは確かでしょう。この子の場合は水泳も一つでした。

五年生の時、私は泳げない子を指導していました。この子は五メートルしか泳げないのに「泳げる」と言うのです。それはプールの壁を蹴ってけのびしているだけ。呼吸ができないのでばたばた動く手足のバランスが悪く、水は飲むし進まないわですぐ立ち上がってしまうのです。

この子が泳げるようになればもっと素直になるし自分に自信がつく。結果としては良い面が一杯出てくるというのは私の直感でした。体験則と言っても良いのですが、教師の指導技術が子どもを変える場面は多々あります。子どもが教師を尊敬し、自分の成長を託すようになることは教師の力量にかかっているのです。「この先生と一緒にやると色々なことができるようになる」という事実と実感が子どもを伸ばすのです。教師の専門性はまさしくそこにあるのだと思います。「だから……」と言っていたこの子は、五年の時は十五メートル位、六年では二十五メートルを何度も泳ぎ切り嬉しそうな顔をしていました。その子の卒業文集にはその時のことが書かれています。

（前略）何度繰り返しても半分ほどになると進めなくなって、息が苦しくなってしまい失敗。この時、僕は絶望感を感じた。「六年生になっても二十五メートルの壁をやぶれないのか」とつぶやいていた時、阿部先生からアドバイスをもらった。「呼吸の時の顔の上がり方が変じゃないか。」そのアドバイスをもとに僕は首を意識してやってみた。すると、体が浮き、呼吸が楽になった。（中略）「絶対に泳いでみせる。」僕はそうつぶやいて泳ぎ始めた。まず半分は越した。その次に二十メートルも越えた。そして、二十五メートルまであと二メートル程になった。そして、二十五メートル達成。「やったあぁ。」と、僕はガッツポーズをとった。その時、自分の中から喜びが込み上がってくるのが分かった。また、先生への感謝の気持ちもあった（後略）。

「喜びが込み上がってくるのが分かった」、これこそが子どもが変わる最高のエネルギーなのです。子どもたちを育てるということは、その子どもの実態を見極め、褒めて、励まし、苦手なことをできるように手助けすることが何より重要なのです。自信をつけさせることなのです。子どもは正直です。自分の力を伸ばしてくれる教師を見分けるのです。この子は担任した二年間でわめいたり叫んだりしたことは一度もありませんでした。

勿論全ての面に於いて何でも指導できることは不可能でしょうが、一つでも二つでもあれば、そこから子どもの信頼感を得る突破口は開けるし、教師の仕事のおもしろさも開けるのだと思います。（水泳指導については後述します）この授業を思い出したり、授業のテープを見ながら授業記録をたどると、一人ひとりの成長が表情と共に蘇ってくるのです。

◆

子どもたちの成長を振り返っていると、反対に首をかしげるような場面も思い起こします。

朝会で子どもたちがザワザワしていて話が聞けないこともまま見かける光景です。そんな時、マイクを片手に「うるさい」と大きな声で怒鳴る教師もいますが、なんとまあ専門性のない人だとかなしくなります。仮にそれが校長だったら本末転倒です。若い教師が真似をします。熟練した教師なら、言葉巧みに話すことで、話を聞けるようにするのが当然でしょう。私はその方に、自分の考えを伝えました。

子どもたちは話を聞く力もあるし物事に関心も示します。今日はどんな話が聞けるのか楽しみにするような朝会を準備したり、担任に「話の聞ける子どもに育てるにはどうしたらよいか」等と問題提起し、考えさせ、授業で取り組むように話すのが責任ある立場の者の態度でしょう。

ルールを作ったり説教することは、子どもを内側から変えることではありません。「怒鳴るのも教育のうち」などと思っているのだったら、何たることかと呆れ果ててしまいます。規則や決まりを盾に取り子どもを指導している外圧的な姿からは何も変わらないのです。子どもは分かったような返事をし、その場から去るだけです。

このことは朝会に限ったわけではありません。教師は「指導」という名の下に色々と子どもたちに話をしているのですが、その話の仕方・伝え方・教師の在り方、そして、そこから発せられた言葉が本当に子どもたちの心に届いているのかを、真摯に振り返ってみる必要があると思います。ちょっと落ち着けば怒鳴る必要などないことに気づきます。

「話が聞けないのは子どもが悪い」ということは、「商品が売れないのは客が悪い」と似ていると思います。こんなことは、一般社会では通用するはずがない。子どもだから怒鳴って静かにさせようとするのは、人間として不遜な態度です。私が最も危惧することは、このような子どもとの接し方では、子どもの素晴らしさや美しさが見えないのではないかということなのです。

子どもは怒られるために学校に来ているのではありません。自分の力を伸ばすことを願い、学習や遊びを通して生き生きと一日を過ごしたいのです。その中でトラブルがあることは当たり前なのです。色々な家庭でそれぞれの育ちをしているのですから。

そう考えれば、話が聞けない子の心の中に一体何が起きているのか、何がそういう行動にさせるのかを真剣に考えるのが小学校の教育ではないのでしょうか。教科担任でなく一日の大半を共に過ごす学級担任の役割は重要だし、それを支える校長の仕事は違った質になると思います。

上に立つ人が発想を転換し率先して工夫を凝らし、他の教師に手本を示すことが大切なのに、怒鳴ることがあったらそれはかなしい姿です。自らの感情を子どもに向かって爆発させる姿は、教育者としてふさわしくない。教育に携わる者がよくよく考えなければならないことだと思います。

その反対に子どもの話をじっくり聞き、頭をなでたり手をさすったりしている教師の姿を見るとほっとします。そういう教師がたくさんいることも事実です。

子どもが内側から変わることに力を注ぐ、それが本物の教育者なのだと私は思います。

第二章　稲垣忠彦先生との出会い　信濃教育会教育研究所の方達

―「乞食」の授業―

版画「自画像」６年生　縦 55cm ×横 45cm

二十八年間で最も楽しかった授業について紹介します。私が「楽しかった授業」というとなんだか妙な書き方ですが、心から楽しみにしていたのです。それは、このクラスの子どもたちの様子を見ていただきたかったし、授業のこと、授業の中の子どもたちのこと、子どもの可能性、そして授業の力についていろいろと語れることが何よりも楽しみだったということです。

授業公開の話が正式に決まったのは二〇〇五年十一月十七日でした。その日の夜八時頃、信濃教育会教育研究所（以降、教育研究所と記す）の所長である稲垣忠彦先生から「来年の一月三十一日に授業を見せてくれないかなぁ」という電話があったのです。

稲垣先生との出会いは一九九三年の読売教育賞に私が応募してからのことです。稲垣先生は選考委員のお一人でした。私は「内なる世界の開拓・他者との響き合い」――自他を開く朗読を目指して――という題名の論文を書きました。原稿用紙五十枚ほどの拙いものでしたが、資料として「二人の山師」の授業テープを同封しました。その授業の中の子どもたちを評価してくださったのだと思います。この論文は第四十二回読売教育賞国語教育で最優秀賞を受賞しました。

その後、山中湖で開かれた第二回「授業研究セミナー」へ誘いがあり、「二人の山師」の授業テープを参加者と見合い意見交換をしました。

教育研究所の公開研究会に参加するようになったのは二〇〇二年六月二十二日の第二回目からでした。この時は児童文学者であり信州黒姫童話館の館長だった高橋忠治先生がミヒャエル・エンデとの出会いや関わり、そして名作「ＭＯＭＯ」について前半お話をしました。後半は、私の「みずすまし」（高橋忠治作）の授業（授業ライブラリー⑯「群読を創る子どもたち」日本児童教育振興財団）をビデオテープで見ながら話し合うという内容でした。

余談になりますが、その時高橋先生に何か言葉をいただければとお願いしたら、次のように書いてくださいました。「じんじんみよう　美しきものは　哀しきもの。そして　あしたは　明るきもの。忠治」と。「じんじんみよう」という言葉に子どもたちへの慈しみを感じてならないのです。この日以後も、真摯な長野県の先生方の授業実践や研究者の話、そして、副所長の牛山栄世先生の実践批評等々、学ぶべきことの多い公開研究会には、藤沢の「響きの会」のメンバーと共に度々参加させていただきました。

二〇〇五年には同研究所で行っている土曜の会にも参加させていただき、高橋忠治先生の「りんろろん」という詩集の中から、「ほつほつと」という詩の授業を発表しました。

さて、授業をするにあたって最初に浮かんだ言葉は「教材開発」です。この言葉は公開研究会の帰りの新幹線で「教材開発は大切なんだよ」という稲垣先生のお話の中にありました。

教師自らが子どもたちと真剣になって取り組んでみたい教材を探すことがいかに重要か。ありきたりなものではなく、何としても子どもの力を引き出さずにはいられないような、教師の願いに満ち溢れた教材を開発すること。そうでなければ子どもを内面から揺さぶることはできない、というご指摘なのだろうと思いました。

二〇〇五年の冬は茅ヶ崎市立図書館・藤沢市の湘南台図書館・大庭図書館と通い詰めでした。

松谷みよ子さん・木下順二さんの作品集を読みあさり、図書館にある詩集のほとんどに目を通したと言っても過言ではありませんでした。研究の仲間である森上智子さんも一緒に動きました。

自らの「これを教材に」という強い願いは、ツルゲーネフの詩集「散文詩」に出会わせてくれました。その中の一編「乞食」が私の心に響いたのです。何百編も読んだ詩の中からこの詩に出会った時、私の心に生じた感情は何とも言いようのない満足感でした。

この詩ならいける。子どもたちと一緒に読み込み、読み浸り、考えを深めてみたいという思いで心は一杯になりました。

乞食

ツルゲーネフ／中山省三郎訳

私は街を通っていた……。老いぼれた乞食がひきとめた。

血走って、なみだぐんだ眼、あおざめた脣《くちびる》、ひどい襤褸《ぼろ》、きたならしい傷……。ああ、この不幸な人間を、貧窮《ひんきゅう》がかくも醜く喰《く》いまくったのだ。

彼は紅い、むくんだ、きたない手を私にさしのべた。

彼はうめくように、うなるように、助けてくれというのであった。

私は衣嚢《かくし》を残らず捜しはじめた……。財布もない、時計もない、ハンカチすらもない……。何一つ持ち合わしては来なかったのだ。

けれど、乞食はまだ待っている……。さしのべた手は弱々しげにふるえ、おののいている。

すっかり困ってしまって、いらいらした私は、このきたない、ふるえる手をしっかりと握った……。「ねえ、きみ、堪忍してくれ、ぼくはなんにも持ち合わしていないんだよ」

乞食は私に血走った眼をむけ、あおい唇に笑みを含んで、彼のほうでもぎゅっと私の冷えている指を握りしめた。

「まあ、そんなことを」と彼はささやいた、「もったいねいでさ、これもまた、ありがたい頂戴物《ちょうだいもの》でございますだ」

私もまたこの兄弟からほどこしをうけたことを悟ったのである。

（ジュニア版名作文学『こころの詩集』小海永二編、学習研究社）


二〇〇六年一月三十一日。五校時・六校時を使い私は藤沢市立石川小学校で授業を公開しました。所長の稲垣先生、副所長の牛山先生、そして、研究員の方々、合わせて十数名が来校されました。私は、自分の読みを次のように書き綴ったのです。

教材解釈

イワン・ツルゲーネフ（一八一八〜一八八三）はロシアの作家であり、農奴の悲惨な生活を描いた「猟人日記」で一流作家としての名声を高めた。努めて自己を抑制し、心理的描写主義を生み出したと言われる彼の詩集には「散文詩」があり、この「乞食」はその中の一編である。

百年以上も前のロシアの社会状況、人々の日常の暮らしについて、現在の子どもたちは理解できないだろう。いやできなくても良いのだと思う。この作品に出会い、この作品に描かれた「乞食」と「私」のやりとりを、注意深く、慎み深く、丹念に読み合えれば何かしら子どもたちの心の中に伝わってくるものがあるはずだ。この詩に描かれた「乞食と私」の心の通い合いを温かく美しいと感じる私（担任）の読み取りを子どもたちに投げかけ、一緒に考え合ってみたいのだ。

安っぽいヒューマニズム、できすぎたストーリーという意見が仮にあったとしても、わずか数分の出来事の中に起きた心の通い合い、人間性の輝き、といったものが一際光彩を放つのだ。

豊かな者と貧しい者がいるという現実社会の中で、物や金を恵む・恵まれるという関係が日常化すると、人間性までも固定化され根付いてしまう。その様な中でこの散文詩は、人間にとって本当に大切なモノ・コトとは何なのかを問いかけてくるのだ。

「血走って、なみだぐんだ眼、あおざめた脣、ひどい襤褸、汚らしい傷……」と、あまりにもひどい乞食の様子を「私（作者）」は言葉を詰まらせながら語りはじめる。「老いぼれた乞食」の日々には、生活の糧はもとより傷を治す金もない。生きることの歓びも希望もないだろう。「私」の「ああ」という言葉は、乞食への哀れみや同情以外の何物でもない。その様な感情を表出したツルゲーネフはある意味で善良な人間だったのである。

手は紅くむくんでいた。寒さ故なのか病気からなのか、一日を生きることに必死な乞食は今倒れても不思議ではない。「うめくように、うなるように」と、彼の救いを求める姿は、誰にでもすがる哀れな存在である。

物を与えられる「私」は、ポケットに手を入れ体中を探るように「ほどこし物」を捜した。しかし、乞食に何一つ与えられる物がない「私」は、自尊心からなのか同情からなのか、自分に苛立ちを覚える。「私」は「老いぼれた乞食」の目を見たに違いない。「私」は、「けれど、乞食はまだ待っている……。」と、乞食の様子を心に刻んでいる。「何もないのだから、さっさと去れ」という言葉を、当時の多くの人が心に思い言葉にして出したのだろう。しかし「私」には「けれど……。」と、忌み嫌う気配は感じられないのだ。老いぼれた乞食はただ助けを求めて待つしかない。寒さやひもじさに加え、ひどい言葉が返ってくるに違いない惨めさも体験しているはずだ。待つことだけが乞食の生きる術であり、ほどこしを受けてしか生きられない姿が「手は弱々しげにふるえ、おののいている」なのである。

「このきたない、ふるえた手をしっかりにぎった……。」の「……」には、今の「私」には何も助けてやれないという困惑・釈明、そして、自分への憤りさえも読み取れる。「ねえ、きみ、堪忍してくれ、ぼくはなんにも持ち合わせがないんだよ」とは、「私」の精一杯の言葉である。それは誠実さに満ちた正直な言葉でもあった。「堪忍」という言葉には、温かい響きがある。単なる自己弁護なら乞食は「私（作者）」の本質を見抜いたに違いない。そして、「私」の言葉は割り切った冷たいモノ・コトとして乞食に響いたはずだ。

「乞食」は私の行為や言葉の中に、今まで体験しなかった温かさを感じ取った。乞食は「私」の手に、そして、握った強さの中に、今までとは違う何かを感じたのだ。おののいていた乞食をさげすむ言葉は聞かれなかった。追い払われもしなかった。乞食が聞いたのは思いがけぬ優しい言葉であった。聞いたことのないような言葉でもあった。失っていた言葉との出会いだった。

なにもあげられなかった「私」に、「ありがたい頂戴物」と言う乞食。乞食は何をもらったのか。この散文詩の一つの山場である。

今までこの乞食は人間として扱われたことがあるのだろうか。見下されゴミのように扱われたことはあっても、自分のために衣嚢を残らず捜した人間、「きたない、ふるえる手をしっかり握った」人間との出会いはあったのだろうか。否。乞食は嬉しかったのだ。「冷えている指」から温かい心に包まれた言葉。優しく温かい言葉から人間としての誇りや充足感、満ち足りた時を感じたのだ。「まあ、そんなことを」と、人間としての感謝の感情が自然にあふれ出てくる。

乞食は「私（作者）」の言葉から、人間の心の温かく生きた優しさを感じた。「しっかりと握った」「私」の手に、乞食の体の内側から自分を温める心を感じ取ったのだ。乞食に人間としての崇高な感謝の気持ちが蘇る。物ではなく心への感謝である。社会の底辺を生きる乞食にかくも真摯に接してくれた「私」の心に対する感謝の念である。金・物が全てではない。乞食は体の内側から沸く歓びを感じたのである。乞食は外の寒さや飢えを心の温かさでしのいだに違いない。

一方、乞食の言葉に「私」も驚きを禁じ得なかった。今を生きる糧を求めていた乞食の中に、気高い人間性をみた。「もったいねえでさ、これもまた、ありがたい頂戴物でございますだ」と、乞食自らの満ち足りた言い方も象徴的である。姿格好は勿論、精神的にも身分的にも劣る存在と思っていた乞食の言葉に、人間の心に秘められた美しさ・気高さを感じ取った「私」なのだ。

「私（作者）」は、姿形の貧しさは心の貧しさではないことを教えられたのである。それを「ほどこし」と表現し、本当の貧しさとは何なのか、本当の豊かさとは何なのかを思いめぐらす。そのことを感じさせてくれた老いぼれた乞食を「兄弟」と呼んだ。ここが第二の山場である。

「私」は物のほどこしを求められたが、何もほどこせなかった。しかし、困りながらも真摯に答えた言葉から、物のほどこしが全てではない、「心・(言葉)」のほどこしを感じた乞食を見たのである。「私」は老いぼれた乞食の言葉に、「心や言葉に感謝できる人間」を知ったのである。

本当の人間とは何か、それがこの散文詩のモチーフなのだろう。しかし、心の世界を考える時、余り理屈に走ることを戒めなくてはならないと思う。それは、理屈や論理では通い合えないのが人間の世界であるからだ。この場面もまた、二人の表情や傷ついた手と冷えている手にこもった人間性の味わいが大切になる。つまり、言葉と言葉の奥に息づく心の世界の出来事なのだ。故に、その状況を豊かに描くためにも音読や朗読にポイントを置き、言葉の響き・重なりを大切にしたい。

この授業の目標(五・六校時を通して)は「言葉をもとに感じ取ったことや思い描いたことを交流する。その中で、『老いぼれた乞食』と『私』について思いを深めることができる」とし、指導案を書きました。

▼五校時の指導案

展開	子どもの可能性	授業者の願い	予想される難関
①詩と出会いそれぞれ音読する。	・何度も読む。		・漢字が難しく、意味の掴めないところが

・分からない言葉の意味調べをする。 ・だいたいの意味が分かったら、更に読む。 ②再度音読し、内容のだいたいを掴む。 ・指名読みをする。 ③自分の心に浮かんだイメージや考えたいところの書き込みをする。 ④友達の書き込みを紹介し、自分の話し合う相手を考える。 ⑤友達と書き込んだ内容について話し合う。	・意味の分からない言葉を辞書を使い各自調べる。 ・(数人の子に読ませたい) ・二、三カ所の書き込みをする。 ・同じ箇所を書き込みをした友達と話し合い、考えを深める。	・言葉の意味の一般的な理解をさせ、話し合いの中で、この教材での使われ方、独自性へと発展させたい。 ・ここからは一人ひとりに具体的なイメージを描けるようにさせたい。 ・この詩で大切な言葉や文だと思った所について書き込ませたい。 ・担任が子どもたちの書き込みを紹介する。友達学習の一つの目安として同じ箇所に書き込みした子を確認する。 ・全部の子が自分の書き込みに見合った相手を選ぶことは難し	あるだろう。子ども用の辞書に載っていない言葉や、本時の目標達成のために早く解決しておく必要のある言葉はプリントに意味を印刷しておく。 ・「貧窮がかくも醜く喰いまくったのだ」の意味が分からない子もいるに違いない。また「兄弟」を単なる兄と弟と思い「老いぼれた乞食」が二人いるとか、「老いぼれた乞食」と「不幸な人間」で二人の兄弟と考えるかも知れない。

	・自分の書き込みをもとに話し合う。	いが、違った書き込みや課題であっても一緒に考える関係でありたい。	

しかし、この指導案は余りに簡略化されていますから、指導細案を出しました。これはかつて群馬県の島小学校や境小学校で使われていた形式とほぼ同じです。自分自身の教材研究のため、また、授業を楽しむためでもあるのです。

▼指導細案

展開の核 ◆は主たる発問 ○は補助又は発問群	子どもの可能性	到達点	予想される難関
◆「けれど、乞食はまだ待っている……。」 乞食は「私」の様子を見ていたはずなのに、なぜまだ待っているのか。	・何も考えられず、ただじっとしていた。 ・他に助けてくれる人は誰もいない。 ・一生懸命探してくれている。何かはあるんじゃないかという	・乞食の今の様子を明確にしたい。具体的な叙述はないのだけれど、「……」や「さしのべた手は弱々しげにふるえ、おののいていた」と感じた私の目を通し、見捨	

○（「手は弱々しくふるえ、おののいている。」手の様子から乞食の気持ちを考えよう。）

◆「いらいらした私」と書いてあるが、何にいらいらしたのか。まだ待っている「乞食」になのか、何一つ持ち合わしてはいない「私」になのか。

願い。

・「何もないからあっちへ行け」と言われるまでいるのがいつもだった。

・乞食に対して、「いつまでいるんだろう。何もないことが分からないのか」という思いがある。

・こんなに哀れな乞食に何も助けられないでいる自分にいらいらしている。

・今日に限ってなぜ何にも持ってこなかったのだろうという気持ち。

てておけないほどの様子や、寒さに震えたり、時には冷たくあしらわれた言葉の数々もあったことを読む者に想起させ、それ故に乞食のおののきが読み取れる。

・乞食に対していらいらしたのではなく、何もしてあげられない自分に対するいらいらである。それは、次に続く「私」の言い方に関係し、その後の乞食の表情や言葉にも関係してくる。

・自分に対するいらいらが、乞食の手を握ったことへ向かわせたことを考えさせたい。話した言葉にも相手の心に届くよう

・少ないとは思うけれど、中には乞食に対していらいらしたと読み取る子がいるかも知れない。乞食に対していらいらしたとなると、「ねえ、きみ、堪忍してくれ……」の読みが機械的・形式的になり乞食をより一層卑屈にさせ、惨めにさせる。音読や朗読でも考えさせる。

◆私は……しっかりと握った……「ねえ、きみ、堪忍してくれ……」乞食は、手を握られたり堪忍してくれと言われた時、どんな気持ちだったのか。	○（二行目の乞食の様子とこの時の乞食の様子は同じなのか違うのか。）
・驚いたんじゃないか。手を握ってきたことにも驚いたけど、堪忍してくれ等と言われたことがない。 ・自分のことを悪く言う言葉じゃなくてほっとした。 ・こんなにも丁寧に、親切に自分のことを考えてくれて嬉しかったんだと思う。	・乞食の様子には違いがある。血走ってはいるが、涙ぐんだ眼ではない。
な申し訳なさや温かさがあったはずだ。 ・乞食にとっては驚きの言葉である。確かに体中に手を当て施し物を探してくれていることは知っているのだと思う。しかし、どんな言葉が返ってくるかの不安は消すことができない。乞食が聞いた言葉は、心の底から自分のことを思ってくれての言葉だった。その言葉が、涙ぐんだ眼に力を呼び起こし、青白く力のなかった脣に笑みをもたらしたことを感じ取らせたい。	
・何もあげる物のない状況下で「私」のなしえた唯一の行動は、「手をしっかり握った」「堪忍してくれ」だった。この行為自体とっさに出たものであることを感じとらせたい。	・「涙ぐんだ眼」の叙述が消え、「あおざめた脣」が「あおい脣」に変わっている

○（乞食は、なぜ「ぎゅっと」「指を握りしめた」のだろう。）

◆「ありがたい頂戴物」とは何か。

○（乞食は、何ももらっていないのに頂き物と言っている。何をもらったのか。）

◆「私もまた……ほどこしをうけた」私がうけたほどこしとは

・青ざめた脣があおい脣になり、笑みが出てきた。

・嬉しかったから。

・「私」の気持ちが有難かったから。

・欲しかったのは物だけれど、心にひびく言葉を聞いた。

・手を握ってくれたり、言葉をかけてくれたことが、心の中から嬉しい気持ちを感じさせてくれたこと。

・自分より身分の高い人がやさしく接してくれたこと。

・「私」の手を握ったことや言葉で乞食の様子が変わった。

・物を欲しがるだけという乞食じゃなく、気持ちが行き来する

・乞食の感謝の心が「ぎゅっと……握りしめた」につながる。

・人から与えられることだけの生活の中で生きてきた乞食が感謝の気持ちを持った。一時ではあるが、心に満ち足りた時を感じたに違いない。物では味わえない歓びだったのだろう。

・「私」もまた、「老いぼれた乞食」・「不幸な人間」と思ってい

ことを気づく子はいないかも知れない。こちらから指摘して乞食の変化を考えさせる。

・「もったいねえでさ。」という言い方は身分の下の者の言い方。それを自覚している者の言い方のように思う。これは難しい。しかし、それ故「私」の行為や言葉が有難かったのだ。

・ここも難関である。「老いぼれた乞食」の言葉や行為の中に、

何か。(「私」は何かを欲しがったのではない。しかし、施しを受けたと書いてある。私の心の中で何が起きたのか。)
◆なぜ兄弟と読んだのか▽この問いは避けたい。理屈っぽくなる。

ことを知った。
・乞食という外見じゃなく、人間としての心はこのような人の中に(こそ強く)あることを知った。
・乞食と出会い、その中で私は自分の人の見方や考え方を深めさせられた。感謝の気持ちを込めて読む。

た人に、素直で純粋な心を感じた。与えられるだけで生きていると思っていた人間に、物だけで生きているのではないという、心の気高さを見たのだ。乞食を兄弟と呼ぶ「私」は、自分の愚かさを洗い流された思いだったに違いない。

今まで思っていた乞食とは違う人間の気高さを感じたのだ。何人の子どもがここに秘められた「私」の思いを理解できるだろう。言葉で理解することと・説明することも困難を感じる。
・何度も読んで何となく感じられるのかも知れない。

その時の様子を研究の仲間である森上智子さんの授業のテープ起こしと、長谷川和正さんの記録で紹介したいと思います。

子どもの事実・授業の流れ

(長谷川和正　記録)

・五校時

T　今日は一つの詩を読んでみよう。

「やった！」という声が聞こえる。
子どもたち、すぐに詩を取りに来る。友達の分も取りに行き、すぐに全体に行き渡る。
行き渡った子から読み始める。

【めいめいで読む】

どの子も、プリントを手に持って読む。

T　誰か読んでみて。

C　（誤読）血走って（ちはしって）
涙／ぐんだめ【言葉のまとまりとして読めない】
紅い（くれない）
笑み（わらみ）

・漢字や言葉のまとまりの区切り方で課題の出てくる箇所がある。
・聞く側の子どもたちは、プリントに釘付けになり、一文一文を目で追う。
・読めない漢字、読み間違いがあれば、すぐに教える。複数

・子どもの動きが実に素早い。阿部先生が、詩が書かれてあるプリントを持つとすぐに取りに来る。時間を無駄にしないということを子どもたちが分かっている。
・すぐに来なさいというようなことを押し付けない。子どもたちが授業が楽しい、勉強が楽しい、たくさん話し合ったり読んだりする時間を取りたい、という思いの表れでもあるのではないだろうか。
・声がはっきりしている。音量がある。きたない声ではない。四十名の子が読んでいるにもかかわらず、また、音量は結構あるにもかかわらず、うるさいという感じはない。一人ひとりの声

の子が同時にその読み方を伝える。
・読んでいる子以外の声は聞こえない。読んでいる子が、間を空けた時は瞬間教室の中が静まり返る。
・そのくらいしんとして友達の読みに聞き入っていた。
・Sさんが読み終わったあと、すぐに後ろの棚から自分の辞書を取ってくる子（七、八名）がいた。

【再びめいめいで読む】

T　この詩はね、散文詩って言ってとっても長いんだよ。みんなが今まで読んできた詩よりも長いね。もっと自由に自分の思いを書いた詩なんだね。

T　Fさん読んでみて。

F　（読み）持つ（まつ）、血走った（ちはしった）
・周りの子どもたち、読みにくいところ、漢字の読み違いを教え合う。

T　分からない言葉あるかい？
子どもが口々に言う。

C　乞食って言うからなんか貧乏な感じがするでしょ。

が聞こえる。一人ひとりがどこをどのように読んでいるのか聞こえる。詩を食い入るように読んでいる。プリントから目を離さずに。よそ見やプリント以外のものを見ている子は一人もいない。書いてあることを掴もうという覇気が感じられる。
・姿勢は結果的に良くなったのであろう。それは、声の出し方や声を届けることの大切さを子どもたちが感じ取った結果であろう。（良い子を見つけて何が良いのか褒めて、意味づけする。その褒めることを繰り返してきた結果）姿勢を良くすることが目的ではなく、その中に意味（良さ）があり、そのことを子ども自身がよく解っているからだろう。詩に書かれていることを掴もうとしている。
・日頃の学習でも意欲的に取り組んでいるからこそ、この長い、難解な詩にもかかわらず、積極的に読もうとする姿勢が出てい

C　貧乏以上に動物みたいな人。
C　ひどい襤褸って書いてあるから、着替えるものもなくて、長い間着ている。
C　道端に座っていて、仕事のあてもない……。
T　そうだね。乞食は今はあまり見かけないね。ホームレスとは違うんだね。人からものを恵んでもらう。恵んでもらってそういうもので生きてきた人だね。はい他に？
C　「ほどこし」っていうのは？
T　ほどこしって聞いたことある？
C　さずけた…まいおりた…あげた…とは違う。あげたとはちょっと違う。
C　恩を受けた。恩を受けたっていう意味。物ではない気持ちの問題。
・多くの子が自分の辞書で調べている。
T　辞書には何て書いてある？
・子どもたちは自分の辞書で調べ、めいめいで調べたことを声に出して読む。（「ほどこし」を辞書で調べ、その辞書の説明を声に出して読む。見つけた子から読む。繰り返し読

るのだろう。
・子どもたちにとって、なかなか読みにくそうな詩であった。読む子は漢字の読み間違いや、発音（笑み、堪忍など）、文自体が読みにくそうであった。聞いている子も、目を細めて、なかなか何が書かれているのか、ということを掴みにくかったようだ。
・自分の知っていることや感覚で答えるものから、すぐに文に目をつけて〈ハンカチすら〉〈ひどい襤褸〉などの言葉から、乞食のイメージを作る子どもたちもいた。
・言葉が色々出てくる。「ほどこし」という言葉の意味を一生懸命自分の言葉で説明しようとしている。「ほどこし」という言葉を使わずに、自分のイメージしたものにできるだけ近づくような言葉を探っている。
・子どもたちはすぐに辞書を引く。（クラスの後ろには辞書がずら

C　む。）

（阿部先生が一人指名。辞書の説明を読んでいた子はすぐ黙って聞く。）

T　ほどこし、恵みを与えること。（辞書に書いてあるとおりを読む。）

C　何か物を与えるという意味だね。ほか？

C　「堪忍」は？

C　許してくれ。勘弁してくれってこと。

C　勘弁してくれって言ってる。許してくれって。財布とか何も持っていない。

C　代わりに手を握って、悪かったみたいな……持っていればあげたかった。

C　すまないなと思っている。

C　「悟った」っていうのは……。

C　生きてたことを考えた・思い出した。

C　分かった。

T　「悟」という字、これは「りっしんべん」だよね。「りっしんべん」は？

っと並べられていた。一人ひとりが選んだ辞書で多種多様。）引いてすぐに読み始める。ノートにメモすることも大切だが、声に出して何度も繰り返し読んでいた。書くと時間がかかるし、書いたことだけで理解したような気になり安心してしまう。

しかし、繰り返し読むことで、頭の中を整理しイメージできるような気がした。一心に辞書の中から言葉を探す姿が印象的だった。この詩を読もう、何を言わんとしているのかを掴もうという意欲が感じられた。

・新しい言葉に出会った時に、今自分の持っている知識を最大限活かして考え、推測しているのである。これは日常の姿であり、急にこういう発言は出てこないだろう。

・「りっしんべんだよね」という言葉から、文の中で使われている漢字の部首を示し、その文の内容、中身に迫ることができて

C　心（あちこちから聞こえる）。
T　うん、「心」という意味があったね。だから、心の中で自分で分かったということだね。
C　「おののく」ってなんだろう？
C　びくびくしている。
C　こわがってない。
C　心がふるえている。
C　貧弱というか弱々しい……。
C　強気じゃなくて弱々しそうで……。
C　力がないくらい疲れ切っている……。
T　そうだね、だいたいいいけど、難しい言葉だから辞書を引いてみよう。
・子どもたちすぐさま辞書を引き、引いた子から書いてあることを声に出して読み始める。
（個人個人が違う辞書を使っている。めいめいに読む）
C　頂戴物は？
C　相手からもらったもの。
T　「頂」という字。頂いた物だね。

いる。教師の一言一言をしっかり聞き、そこから類推している。
・とにかく子どもからどんどん出てくる。子どもが「どこが分からないか」が素直に出てくる。見ている方も、なるほど子どもにはこの言葉は分かりにくかったんだな、ということがよく分かる。
・待ってましたとばかりに一斉に辞書に向かう。ものすごいスピードで引く。明瞭な声で解説を読む。
・そして、出された言葉に対して、それぞれの子どものイメージがどんどん出される。同じような言葉ではなく、違う言葉で色々出てくる。すぐに辞書を引くのではなくて、その言葉について色々考えてみよう（漢字などを手がかりにして）と、日頃からやっているのであろう。
・いつもと違ってかなり多くの言葉に引っかかったようだ。読みにくいし、内容も難しいのだろ

C 「血走って」？

C 赤くなった、目が赤くなっていることじゃないかなあ。

T そうだね。それでいいね。

C もちあわせは？

C 持っているもの。もちあわせがないんだから何もないってこと。

・一通り子どもたちから分からなかった言葉が出て、その意味を理解した。

・めいめい読む。

・指名読み。

（指名読みの前に）

T さあ、じゃあ、今から○○に読んでもらうけど、みんなは、この詩の、「こんなところを考えてみたい」「この言葉は大切だなあ」ということを、みんなで考えていきたいから、それを考えながら聞いといて。

（読みが終わったら、それぞれ書き込みを始めた）

う。

・ある子が鉛筆を落とす。友達の読むのを聞いて、読み終わってから立ち上がり、落ちた鉛筆を拾った。何気ないことだが、読んでいる友達に気を配れること、また、椅子の音をたてればじゃまになるような、それ程子どもたちは集中して友達の読みを聞いていた状況がそこにはあった。

・すぐにシーンとなり始まる。誰も一言も話さない。聞こえるのはプリントに書き込みする鉛筆の音（鉛筆の芯の音）だけである。ものすごい集中力。子どもが夢中に考える時間になっている。しかし、この集中力はどこから生まれるのだろう。この詩「乞食」だからではない。授業の初めに「やった！　詩だ！」と言った子が何人かいるが、詩を読むことが楽しいと思っているようだ。

・阿部先生やみんなと勉強すると、一編の詩から色々なことを

【書き込み】

T　どうする、時間が……。

C　まだ書きたいです。

C　時間が欲しいです。

C　まだ、まだいっぱい書くところがあります。

T　そっか。

みんな、全部を書こうとしないこと。（これは）大切だってとこを書くんだよ。（しーんとしている。聞こえてくるのは、隣の教室の声、このクラスからは一言も聞こえない。鉛筆の音だけがかりかりと聞こえる。うーんと困ってため息のような声、自然と発せられる声も聞こえる。）

【友達勉強】

T　じゃあ、今から友達と勉強するけど、今日はね、先生の方で紹介するからね。だいたいここ書いた人（書き込みを阿部先生が見ていて、子どもたちが線を引いた所を紹介した）って言うから手を挙げて。誰が手を挙げたか覚えておいて、その友達と話してみよう。じゃ、聞くよ。

考えることができたり、学べたり、話すことができたり、読むことができたり、そういう学ぶことの楽しさに気づいているからこそ、今回の詩を読もうという意気込みや意欲が生まれるのではないかと思う。そういう経験「子どもが少しでも集中力を発揮し、読む意欲に燃え、考えることを楽しむ時間を、初めは五分でも十分でも良いから、少しでも重ねていくように努力することが大切だ」と思った。この難しい詩に挑戦しようという情熱もやはり、日頃からの学習の成果にあると思う。（みんなで読めば、考えれば、分かるんだということを信じている）

・表情を見ていると面白かった。書き込んでいるのだけれども、なかなか言葉が見つからず頭を抱えている子や、何回も消しながら言葉を探している子等。子どもたちの書き込みは止まらない。余計に意欲が増してくる。

T　①この貧窮が～。

T　②彼はうめくように、うなるように～。

T　③乞食はまだ待っている。

T　④すっかり困っていらいらした私は～

T　⑤ねえ君、堪忍してくれ。

T　⑥彼の方でもぎゅっと握った。

T　⑦もったいないでさ～有り難い頂戴物。

T　⑧「この兄弟」兄弟って何だろうということを考えてみたい人？

T　そのほか、あったら言って？

C　……。

T　じゃ、始めよう。トイレ行きたい人は行って。

・時間の都合からであろう。先生が子どもたちの書き込みを紹介しながら、友達同士の話し合いへ持って行っていた。

・阿部先生が、予め大切だと思っていた所に子どもたちも引っかかり、自分の考えを持っていたので驚いた。詩にまだ出会ったばかりで、この長い詩の中で、この教材の核に迫るような箇所に子どもたちが気づいているということである。

・子どもの事実をよく見ておくべきだった。教師がどのように授業を進めるかということも大切だが、子どもがどのように読んでいるか、子どもが何を考えているか、子どもがどういう所に引っかかり、どう読んでいくか……子どもの目線に立って授業を見ていくことも大切だ。

子どもたちは友達とグループを作り話し始めた。少ないところは二人、多いところは五人。あちらこちらに散らばり、（内容的に）本当に自分が話したい子を見つけて話している感じだった。実際、話し合いもグループを作ったところからすぐさま（待ってましたとばかりに）始まり、友達と話すことを非常に楽しみにしているように感じた。誰一人、他のことをすることなく、この詩について考えていた。グループの中の誰かが問題を投げかけて、それについてそれぞれが自分の考えを出していた。自分とは切り込み方が違っていても出された問題に対して考えている姿を見て、書き込みの時の真剣さが蘇ってきた。司会を決めたり話し合いのルールがあるのではなく、子どもたちが自分の考えを自然な形で意欲的に言っていた。言い方とかではなく、自分の思いを素直な言葉にして友達に伝えていた。これこそが話し合いだと思った。形式にとらわれて、言い方を形式に当てはめるのではなく、自分のイメージしていることをどの言葉を使って表現するのかを模索している。……ああでもない、こうでもないと自分の感じていることを出して、それについて友達がまた返し、気づいたり、思いついたり、自分のイメージにぴったりの言葉が見つかったりすると、思わず笑みをもらす子や、「そっか！」と口にする子、表情が明るくなる子、「分からない……」と、話しているうちに自分の考えが揺れる子などがいる。阿部先生は色々子どもたちの話し合いを回られていた。立ち止まっては聴き、立ち止まっては聴き……。子どもたちはひたすら友達と考え、話す。阿部先生が横から入ると、自然に話し合いにとけ込む。（自分のクラスで私が入ったら、子どもたちの話し合いが中断したり、子どもたちの集中力が途切れる）あるグループの所で比較的長く立ち止まって聴いていた。その後でみんなにこのグループの事を紹介した。

六校時の授業

T　ここの議論がなかなかおもしろいんだな。話し合いがね。ちょっとみんなに紹介したいんだ。聞いてくれる。席に戻って。（子どもたち自分の席に戻る）いつもならね、誰かここで問題を作るんだけれども、今日は**出**さんと、**三**さんの問題をまず最初にみんなで考えてみない。じゃ、**出**さん。

出　最後の行に、「わたしもまたこの兄弟から」ってところで、まず最初に私が問題を出したのね。この時になぜ兄弟って書いたんだろうって問題を出したのね。私の考え的には兄弟の気持ち、乞食と作者は兄弟じゃないけど、その気持ちが兄弟なんじゃないかってことで、**三**さんと話し合ったのね。そし

・授業の前の研究会で、子どもから「兄弟っていうのは乞食の兄弟がその場に（乞食の後ろの方に）別にいるのではないだろうか」「兄弟っていうのは、筆者の兄弟である」という考えが出てくる可能性がある。阿部先生は子どもたちがどのように考えるか、その可能性を可能な限り探っていた。その一つがまさに事実として現れた。

三　たら、三さんは、乞食が二人いるんじゃないかってふうになんか……

航　乞食の兄弟で二人とは分からないけど、二人か三人かいると思うんだけど。この場合では、「この兄弟から」って書いてあるから、だから乞食は一人だけじゃなくて二人くらいいて、その兄弟たちからほどこしを受けたってそんなふうな感じじゃないかって言ったんだけど。出の意見は、作者と乞食が兄弟みたいな感じになったたって言ってたけど、でも私はそれじゃなくって兄弟はやっぱ、乞食は二人くらいいて、その兄弟のことを言ってるんじゃないか、その兄弟は、乞食は二人いる、そういう兄弟のことを言ってるんじゃないかって……。

木　ぼくもそうかな。三が言ってたように何人かいたような関係で、乞食と、その今いる人がそういう関係じゃないと思うの。そしたらこういう話はしないと思うんだけど。

航　僕はそのこの兄弟ってのは、前の文に「ああこの不幸な人間を貧窮がかくも醜く喰いまくったのだ」そういうことが書いてあったから、そういうことを考えると、ここからなんか同情しているというか、かわいそうに思ってるって感じがするから、何となくなんだけどこの兄弟ってのは同情しているというかそんな感じがするのだけど。

出　ここでは、血走った眼、血走って、なみだぐんだ眼っとかそういうのが書いてあるから、それに初めて見たとかそういうのだと思うからたぶん違うと思うんだけど。

臼　でもさ、そこからその後さ、乞食が二人いるみたいなそういうことをさ、この……。
私は出の意見に賛成なんだけど、最後には兄弟みたいな思いに二人ともなれたという意味で、兄弟ってふうに書いたのかなって。

長　僕もそうなんだけど、だってさ、その彼は「紅い、むくんだ、きたない手をさしのべたって」あるでしょう。「彼は」って書いてあるから、「彼たちは」って書いてないからこれは一人の人なんだと思う。

小　あとさ、「彼は、紅い、むくんだ、きたない手を」とかもさ、二人だったら同じことかもしんない。やんないと思うの。最初は別に兄弟みたいな関係もなかったんだけど、あとからどんどんずっと正面から会ってるうちに、兄弟みたいな関係になってきたってことで、それで乞食は一人で、その気持ちってのが同じ兄弟みたいにつながって、それで兄弟ってなったんじゃないのかな。

佐　私はちょっと意見が違うんだけど、兄弟ってのはなんか多分ここに「財布もない、時計もない、ハンカチすらもない……」って書いてあるでしょ。普通ハンカチとか財布とか、時計とか普通は持ち歩いてると思うのね。だけど、持ち合わせてないってことだから、この私ってのは貧しいって思うんだけど、似たもの同士だから兄弟って書いてあるんだと思うの。

秦　私も兄弟ってのは作者と乞食だと思うんだけど、「ねえ、きみ、堪忍してくれ、僕は何も持ち合わせてはいないんだよ」ってところでさ、馴れ馴れしく話してるって言い方はおかしいけど、本当になんか、兄弟ではきみって使わないけど、馴れ馴れしく話してるって感じがする。おかしいけど、そんな感じがするのね。兄弟ってのは血がつながってるってそれだけじゃなく、気持ちがつながってるって言い方はおかしいけど、血がつながってないかわりに気持ちがつながってる兄弟って感じ。

出　私は佐ちゃんの意見に賛成できないのね。だってさ、私ってのは作者でしょう。その作者が貧乏だったら乞食も声はかけないのじゃないかな。この人は貧乏だから、あまり持ってないんじゃないかなとか。そういうこと乞食は考えてなかったのかな。

太　乞食ってのはさ、誰でもいいから話しかけて、何か持ってたら与えられるように、そんな感じと思うのね。貧乏だからとか思ってたら、貧乏だから何にも持ってないと思ってたら全然自分で自己満足ってことしちゃってたら、誰からも与えられない。そんな感じだから、乞食ってのは誰にでもいいから話しかけて、自分が生きているために何か与えてもらうそんな感じなんじゃない。

石　なんか与えるだけじゃなく、気持ちっていうか、そういうのを乞食って人はほしかったんだと思うんだけど、物だけじゃなく、最後に「もったいねいでさ、これもまた、ありがたい頂戴物でございますだ」ってあるでしょう。なんか多分、乞食だからきっと、みんなにこの作者みたいな気持ちを持ってもらえるわけじゃないと思うの。だから乞食の人はさみしかったっていうかそんな感じがあったと思うんだけど、それで「彼のほうでもぎゅっと私の冷えてる指を握りしめた」時に兄弟みたいに一つになったみたい、そんな感じになって、それだから気持ちのつながってる兄弟みたいな……。

伊　物を「はい」って渡すだけじゃなくて、自分を思ってる気持ちがほしかったんだと思うの。だからこれまでは手を握りしめてもらったって気持ちはなかったと思うの。すごい勇気づけられたっていうか、それで自分もがんばるぞってみたいになって、それで兄弟みたいなものだと思う。

考　それに物をもらっても、ここに「あおい唇に笑みを含んで」ってなんか、頼んで物をもらっても、そうそう乞食ってのは笑いそうにないから、作者から手をにぎってもらって勇気が出たというか、作者が乞食の手を握って、乞食は「もったいねいでさ、これもまた、ありがたい頂戴物でございますだ」だから、物をもらうよりか嬉しかったっていうか、自分で頼んで物をもらうよりかすごいはるかに嬉しいから、あおい笑みをふくんだっていうか、笑みが浮かんだっていうか、手を握ってもらって物をもらうより嬉しかったって、乞食はそう感じているんじゃないかな。

松　乞食ってのはしゃべることもそんなないから、人としゃべることでも大切だから、しゃべるだけで乞食は落ち着くっていうか、なんていうか助かるって、なんかそんな感じじゃないかな。

木　最初の六行目から「彼はうめくように、うなるように」ってここでは比喩が使われていて、そういうことを考えると乞食っていうのはすごい苦しんでいると思うから、うめくっていうと一人だけで、独りぼっちで苦しんでるって感じがするから、それで話しかけてくれると一人でなくなって、さっき誰かが言ったように、勇気づけられるってそういう感じがするから、黒板に書いてあるように「ものをもらうよりはるかに嬉しかった」ってそういう感じがする。「彼はうめくように」って苦しんでるから、話してもらうだけで勇気づけられるっていうか、そういう感じじゃないかな。

秦　心っていうのはさ、お金で買えないわけでしょう。どんなに大きいお金であっても心っていうのは買えないわけだから、その買えない心を自分に与えてくれた。与えてくれたって言い方はおかしいけど、自分にくれたっていうのが、そのすごいたくさんのお金をもらうことよりも嬉しいことだったんじゃないかな。

菅　お金よりも大切で、お金よりも大切な温かい気持ちを自分にもらえたというかくれたことが、とっても嬉しかったんじゃないのかな。

航　乞食に声をかけてくれたことだけでもありがたいことだと思うのね。普通だったら通り過ぎるっていうか知らんぷりして行くと思うのだけど、多数の人は。でも少ない人であっても通っても恵んであげるっていうか、物があったら恵んであげるっていうか、声をかけてあげるっていうか。さっき菅が言ったようにお金で買えない気持ちっていうか、そういうのを与えてもらうと、どんなにお金をもらったとしても、嬉しいというか、そういうんじゃないかな。

伊　最初は物だけで、もらおうを思ってたんだけど、後から初めてこういう手を握ってもらったりしてそれで大切さが分かったっていうか、そういうふうに思ったんじゃないかな。

臼　最初は、手を握ってもらう前は物のことばかり考えてたんだけども、手を握ってもらったら人の優しさの大切さがよく分かったんだと思う。

三　手を握ってもらっただけじゃなくて、言葉もかけてもらったから、多数の人は物をあげてもそんなに言葉はかけなかったと思うし、初めて手をつないでもらったし、初めて言葉をかけてもらったというか、そんなふうな感じになって心が安らいだっていうか、乞食はなんかすごい気持ちが落ち着いた。そんなふうな感じになったんじゃないかな。

秦　乞食がなんか頂戴っていうか、なんか頂戴っていう言い方はおかしいけど、なんかくれって言って、もらったりとかしたら、きっとあげる人の方も嫌な眼をすると思うのね。だからそう思うといくら長い間経験している乞食でも、それはやっぱり心に傷つくと思うのね。だけど自分のためにすごい優しそうに、何もなかったけど優しそうに探してくれて、優しそうに自分の手を握りしめてくれる心の豊かな人が自分のために時間をつぶしてくれたってことが、乞食はすごい嬉しかったんじゃないのかな。

舞　乞食っていうのはさ、とても洋服も汚いしさ、体も汚れて、眼も血走ってるわけでしょう。人よりも身なりとか汚いからさ、嫌だと思ってる人が多かったと思うのに、それなのにこの人はこの汚い震えた手をしっかりと握ったってことは、汚いのにしかもしっかり手まで握ったから、その時に乞食はいつもと違ってすごく涙が出るくらい嬉しかったんじゃないかな。

木　「乞食は」って言うと差別感がついてると思うから、人間というのは名前がついてるでしょう。だけど乞食ってのは名前じゃなくて例えば奴隷とかそういう感じに差別感がついてるから、なのに作者はちゃんとなんか、なんだっけ、「この汚い、ふるえる手をしっかりと握った」って書いてあるから汚いってのは分かってるんだけど優しく握ってあげた。そういうことだけでも乞食は、今まで差別してた人もいたかもしんないけど、こういう優しい人もいたってことも嬉しかったんじゃないかな。

太　嬉しさが心からあふれ出たっていうか、あふれ出て、笑みが、青ざめたあおい唇に笑みを含

考　んですごい嬉しい気持ちで、……嬉しい気持ちしかなかったんじゃないかな。あと木も言ったように乞食っていうと差別感が浮かぶから、作者が手を握った時に差別がなくなったていうか、その時に一瞬に普通の人間と同じようになったっていうか、作者が乞食の手を握った時に差別が消えたっていうか、人間と人間が、人間がもう一人の人間を手を握ってるようになったっていうか、乞食と人間が握ってる意味じゃなくて、人間と人間が握っているようになったっていうんじゃないかな。

T　なるほどすごいね。さてそこで兄弟っていうのは二人いるんだろうか、それとも別なんだろうか。

裕　私は二人とかそういうのじゃなくてただ、実際は一人なんだと思うんだけど、この文を読んでても二人とか三人とかそういう人数が感じられないし、それになんて言うんだろう、なんか、私もまた兄弟からって書いてあるけど、この兄弟っていうのは、人数とかそういうのじゃなくて作者が思う気持ちっていうのかな。だから、これは実際が二人とか三人とかじゃなくて元々一人で、作者が思う兄弟っていう意味じゃないかな。

優　「私もまたこの兄弟からほどこしをうけたことを悟ったのである」って書いてあるから、兄弟っていうのは作者と乞食なんだけど、でも、なんか、乞食と別れた後、私もほどこしを受けたことを悟ったってことを感じたって、そんな感じがあるから、これは乞食は一人だったってことになる。

西　この兄弟っていうと、乞食と作者が兄弟のように気持ちがつながっていて、兄弟っぽいっていうか、ほんとは兄弟ではないんだけど、兄弟っぽく気持ちが通じているっていうか、なんかそんな感じ。なんか手を握ってる時は手だけじゃなく、気持ちも握っていたって感じがする。

秦　たとえ乞食がその、今この話に出てきてる乞食の隣にもう一人の乞食がいたとしても、それでそこにいるのが三人だったとしてもみんな兄弟っていうか、なんかその一人とか二人とかそんなの関係なく、みんな人間は人間だし、人間は人間で同じだからみんな兄弟っていうそんな感じじゃないのかな。

T　どう**三**さん。

三　でも、なんかまだ、もし気持ちの兄弟からだったら、この兄弟からってなんか文章がおかしいと思うんだけど。「私もまたこの兄弟からほどこしをうけたことを悟ったのである」って「わたしもまたこの兄弟から」って書いてあるから、みんなが言ってるのだと文章がおかしいというかそんなふうに思うのだけど。

T　じゃ、誰かもう一回読んでもらおう。それで本当にこれは兄弟って、私から見て作者だよね、私から見て、この乞食ってのを本当に兄弟、心がつながり合った人なんだって感じた。それとも兄弟って、乞食の兄弟はたくさんいる、それは少しの意見なんだけども、じゃ、そうだね、**裕**さん読んで。

裕　音読。

T　もう一人読んでもらおうね。乞食が何人もいるように見えるか、二人であったり、三人であったりと思えるか、それとも、私（作者）と乞食と、心がつながってるってことを言ってるんだか、そこらへんのところを……じゃ、はい、優さん。

優　音読。

T　どうだろう。

考　この兄弟からっていうから、このってのは、後ろに兄弟がいるっていうか、紹介している、このって言うからなんかあれ、ここにいるっていうか、そんな感じがするか、乞食が他にもいるんじゃないかな。

悠　私もなんか、さっき考が言ったように、「私もまたこの兄弟から」って書いてあるでしょう。兄弟からとかまたこのとか書いてあるから何人もいるって感じがするし、気持ちの兄弟だったら兄弟って書いても変じゃないかもしれないけど、またこのとか兄弟からとか書かないと思うから、だから私は何人もいる兄弟だと思ったんだけど。

T　私の意見は違うっていう人いるかな。

菅　私は違うと思うんだけど、「私もまたこの兄弟からほどこしをうけたことを悟ったのである」って書いてあるから、その作者がその乞食のことを兄弟だと思って、血がつながってないんだけど、本当の兄弟だと思ったからこの兄弟からって書いたんだと思う。

丈　この兄弟ってのは、自分の兄弟って感じで書いたんだと思うんだけど、この兄弟ってのは、二人の兄弟って言うんじゃなくて自分の弟とか妹とかそういうふうにも人に紹介する時って、これぼくの兄弟って言うでしょう。だからここでは乞食が自分の兄弟って考えてそれでこう、兄弟って書いたんじゃないかな。

T　そうすると、私ってのは、作者だよね、作者と乞食というのは兄弟だった。

丈　そうじゃなくて、自分の考えの中で兄弟っていうかそういうことだったと思うんだ。だって、ただ街で会って、それで育ちも全部違うからそれに血もつながってないだろうから、だからここでは本当の兄弟ではないんだけど自分の考えからして兄弟と考えた。

秦　手と手がつながったからってのはおかしいけど、手と手がつながってそっからその血はつながってないけど、そっからなんか偽物の血がつながってるって言い方はおかしいけど、手と手をつないだ時から血がつながったんじゃないのかな。

T　それは、血がつながったっていうのは本物の血というのではないよね。

秦　はい。

T　心って言う意味でつかってるんだね。気持ちっていうかね。うん。二人、三人いたっていうこと、どこからそう考えたかな。まず、文からは考えられることあるかな、なんとなくそういうふうに考えられることがあるのかな。

三　「この兄弟から」って書いてあるから、だから、そう考えるとやっぱりこの兄弟からってことだから自分と乞食じゃなくて、乞食は二人いるんだなってそう考える。

T　「から」って言う……別に二人、三人じゃなくたって「から」っていうのは使うよね。

臼　兄弟っていうのには二つ意味があると思うのね。一つは、お兄ちゃんと弟をまとめて言う時の兄弟というのと、もう一つは、自分の兄弟です。

とかそういうふうに紹介する時があるから、そういうふうな兄弟というのと両方あると思うから、それで私はこの場合は、自分の兄弟みたいなそういう言い方だろうと思う。

T　それは本物の兄弟ってこと。

臼　気持ちで、想像上で、兄弟だっていうふうな。

聖　僕も気持ちだと思うんだけど、前の文を見てもそんないろんな人と会話をしてると思えないし、最後に急に出てくるってのもおかしいからやっぱりこれは……。

丈　他人から見た兄弟っていうと自分もなんか含まれてるって感じだけど、自分から見た兄弟って言ったら自分は自分で弟は弟でっていうふうに、お父さん、お母さん、弟あわせて、兄弟、あれ、家族っていう感じになってるんだと思う。

秦　文の一番最後っていうか、最後の方っていうのは作者の気持ちっていうのが大きく詰まってるわけでしょう。一番最後の部分なんか特に。その中で出てくる兄弟ってのはやっぱり、一番、中でも一番大切な兄弟だと思うからそう考えると、なんか心のつながった兄弟って感じがするんだ。

T　この私っていうのは、最初は「乞食」っていう言葉を使ったんだよね、それをだんだんと「彼は」と言ったり、最後には「兄弟」と言ったりと、こう変わるね。兄弟という言葉には実は二つあるんだよね。一つは血がつながっている、お父さんとお母さんがいて血がつながっている兄弟。もう一つの使い方はさ、ほんとに信頼できる人、信じられる人、なんか心のつながった人って意味で兄弟ってこう使う、そういう使い方があるね。

木　義兄弟とか、そういうふうにも使う、なんか聞いたことがあった。
T　義兄弟ね。……この詩の中ではどちらかというと……。
子どもたち　信頼できる。
T　心がつながったということなんだろうな。最後を考えたいんだけどね、私もまたこの兄弟からほどこしを受けた、わたしも何かをもらったってこう言ってるんだな。
丈　乞食も指を握ってて、ここに書いてあるから、自分だけが握ったんじゃなくて乞食も握り返してくれたってことで、それでなんかほどこしを受けたんだと思う。
航　乞食も自分と同じ気持ちを持っているんだなとか、人間として見てなかったんだけど、さっき、考と丈が言ってたように差別っていうかそういうふうにみてたんだけど、つぎは同じ人間としてそういう気持ちを持てるんだなとか、そういうことをもらったんじゃないかな。
小　わたしもそう思うんだけど、前まで乞食としか思ってなかったけど今はちゃんとした人間として認められ、……なんか、人間っていうあの、筆者から握手した時に温かみが感じられたっていうか、何か乞食って言うと、汚いとか、差別されたとしかあんまりないけど、本当はもっと大切な人でちゃんとした人間なんだから、人間だからもっと大切に接するっていうか、しなきゃいけないとか、温かみが感じられた。
秦　私もこの詩を読んでて、最初はこの筆者と同じように、乞食っていうのは汚くて、なんかちょっと悪いイメージしか全然浮かばなくて、私もちょっと差別しちゃってたんだけど、この詩を読んでたら乞食っていうのも私たちと同じように人間だし、その同じように気持ちが、心があるんだから差別っていうことはしちゃいけないっていうことも自分でも分かったから、で、この詩を読んで分かったということは、多分作者も、私たちに伝えたかったことなんじゃないかなって思うから……。

太　乞食っていうのは作者から見たなら汚くて、不幸っていうか、差別の壁っていうのがあったと思うのだけど、握手したら、なんか差別の壁が消えて、乞食の見た目とか汚くても、心の中は温かいとか人の心を持っているというか、きれいな心を持ってるんだなとか、そういうことを思ったんじゃない。

T　じゃーね、そろそろ時間なんでね、ちょっと読んでもらおう。いろんなこと考えて自分はこの詩をこんなふうに読んでみたいって気持ちを表せるように。じゃ、菅さん。一回読んだけれど。

菅　音読。

T　じゃーね、あと七分くらいで終わりなんだけど、今日勉強してどんなふうに自分が感じたか、後ろに書いてみてくれるかな。友達の意見のことでもいいよ。いい意見聞いたなってことでもいいし、こんなふうに自分は分かったことがあるってことでもいいし。

【授業後の子どもたちの感想文】から

紀……私は乞食を話し合って、作者は心の温かい人だと思った。乞食はみんなにさけられていたと思う。乞食とは関わりたくないから、適当な物をあげていたんだと思う。だから、温かい心というものを忘れていたんだと思う。だから作者（ツルゲーネフ）にきたない手をさしのべたんだと思う。この話に出てくる乞食は、生まれて、親からいっぱいの愛情をもらっていたんだと思う。でも、乞食と呼ばれるようになってから、誰からも愛情をもらわなくなってしまった。そして、作者にあって、その温かい心というものを思い出したんだと思う。そして作者は人は外見で判断してはいけないと感じ、その乞食を兄弟だと思ったんだと思う。

衣……この乞食は街を歩いているだけで、同じ人間じゃないように差別されていたと思う。この作者もこの乞食を見て、「きたないなぁ」とか、少しは思ったんだと思う。でも、この乞食は、作者の優しい気持ちを受け取って、目では見えない底にあるきれいな気持ちを知って、ものには変えられない優しさをもらったんだと思う。体中きたない乞食を見れば、他の人はいやだから避けてしまうのに、作者（ツルゲーネフ）は、物より優しい気持ちを大切にする乞食を見て、心が通じ合えたんだと思う。みにくい乞食なのに、言葉にも気持ちが入っていたと思う。人は外見から見ても見切れない、大切な心が奥にあるんだと思った。

優……兄弟という言葉の意味を考えてみて、兄弟というのは乞食の心を分かろうとした人のことや、物では表せない気持ちをもらったことを表していることが分かった。乞食は物をもらうこともあったと思うけど、それは、しょうがないからあげるみたいな感じで渡される。なのに作者は何も持っていないかわりに、話をしてくれたし手も握ってくれた。それが何より嬉しかったんだと思う。

出……乞食がどんな思いで生きてきたのか、どんなふうに見られ、どんな気持ちか、それを考えた。人としてみてもらえない。「生きている」というものを感じられない。私はこの乞食と「いじめ」というものは、似ていると思う。三・四年の時「生きている」というよりも「いじめられるために生きている人」のように自分を感じた。私もこの乞食も「生きている」というより「人から避けられるように生きている人」のように見える。私も乞食も人に喜び、笑顔というものがもらえない。いつも涙と暗い目。だから乞食も心から笑えたり、喜びが欲しかったと思う。乞食の詩からは、心の大切さが分かる。

佐……乞食の身なり、そして、そこから何がイメージできるかを考えた。乞食の心の奥で感じているもののことを思った。「貧窮がかくも醜く喰いまくったのだ」というのは、どれほどの苦しみで、人や地球から見放されるという気持ちは、どれだけ自分への希望を失ったのかなと思う。先生がこの詩をやるという目的は、見かけじゃなくて、見てどれほどのことを想像するか。それによって、自分がやってきたものを積み重ねて、心の豊かさを引き出すという力を自分から出す、ということを願っていたのかと思う。

◆

授業後、稲垣先生が子どもたちに話をしてくださいました。激励してくださったのです。「稲垣忠彦と言います。阿部先生とはもう十三年来の研究仲間です。どういう研究かというと、授業中のみなさんがどういうふうに勉強しているのかを色々な先生方と一緒に研究することです。（略）阿部先生の授業を直接見たのは今日が初めてです。いつもはビデオで見ていました。

ビデオで見るのと、直接見るのでは違うんですね。同じ空気を吸いながら見ることができました。（略）今日の教材は、八十年ぐらい前に日本で訳され紹介されました。僕が皆さんの年齢の時はだいたいこういう文体で、こういう文字を勉強していました。この昔の教材に、皆さんは僕が子どもの頃と同じような形で挑戦して、実によく読んでいましたね。それから文脈の中で一つの言葉の意味を考えながら読んでいて、君たちの話し合いも素晴らしかった。（略）特に最後の行を中心に豊かに話し合っていました。それを聞きながら、ぼくも授業に参加している感じで、生徒みたいに手を挙げたかった。（略）」

私は授業者として、終わりのチャイムが鳴った瞬間にさえ、この一時間何をしたのかと課題を重く受け止めていましたが、子どもたちを最大級の言葉で励まし見守ってくださったことに、「このように話してくださることで、また一つ子どもたちに自信がつき、逞しく成長できるな」と感謝の気持ちでいっぱいになりました。

また、「ツルゲーネフがどういう人かということ、それから、この詩のできた頃のロシアという国がどんな状況だったかということを知ると、この詩に対する理解がもっと深まるでしょう」という内容の話もされました。これは私（授業者）に対する課題だと受け止めました。

◆

授業後の研究会——長谷川さんの記録から

—【阿部先生の話】

クラスの子達は、三年生からの持ち上がりの子が三分の一います。五年生の時にクラスが変わって、三分の一の子は、三・四年生の時から一緒。残り三分の二の子どもたちは、この四月から一緒ということになります。これも、教育研究所へ行った時の、「長野県では、四年生を持つとだいたい六年生まで担任する」という話を記憶していたので、自分にはその経験がないのでやってみようと思いました。長く担任するということは、教師が日々新しく物事を考え、取り組みの工夫をしないと子どもたちと馴れ合いになってしまい、子どもを伸ばすことができなくなってしまう。二年間が担任する限度と思っていた自分には、そのことへ挑戦する良い機会となりました。だからこそ、(そうでなくて勿論ですが)常に自分の中に新しい物を生み出さなければいけない。とにかく新しいもの、新鮮なものを創り出し、子どもたちとどのように取り組んでいくかということを常日頃から考えていました。

こういうことも、今回の教材の開発につながりました。十一月からの二ヶ月間、冬休みは図書館(複数の)に毎日通い、むさぼるようにして物語や詩を読みました。

乞食という言葉が差別語に指定されていることは調べました。私は、言葉にはその言葉でしか表せない独自性があると考えています。他の言葉ではどうしてもそのニュアンスを伝えきれないという意味です。この場合、乞食という言葉を知ることは悪いことではないと考えました。しかし、それを人(他者)に向かって発するとなれば別です。人を見下げる行為は許されることではありません。他方、言葉狩りをするようなことにも問題があると思います。

言葉に問題があるのではなく、それを発する人間の心や価値観こそ問われなければならないのだと思います。今日の授業で子どもたちは乞食という言葉に、知らず知らず敏感になっていました。

言葉は本来中立であって、それを使う人間の心を正さなければならないと思っています。でも、本当に「子どもって力があるな」と思いますね。この詩も今日初めて出したにもかかわらず、大切なことに気づいたり、考えていたりしていました。初めこの詩を出した時に、子どもたちには分からない言葉や内容がたくさんあるだろうな、と思っていました。二時間という限られた時間の中で、どこでどのように考えるか、授業の中で私も必死に子どもの実際を見ていました。

三さん、出さんの話を聞いた時に、これは難しいから、できるなら最後で話し合いたいと思いましたが、あまりに二人が熱っぽく語っていたので、その事実を無視することはできませんでした。また、その場面を子どもに出会わせれば、この詩の大切なところが読めるのではないかと考え直しました。

普段なら子どもから何が出るのかも含め、まずは待つのですが、展開の核が子どもの書き込みにもあったので、時間の配分からもそこから始めようと提案したのです。

「乞食が一人かどうか」他にも話していた子達がいましたが、私は三さん達のグループの話題を取り上げ、みんなで考えてみようと提案したのです。

普段から書き込みをどう組み合わせているかというと……○○さんが△△について書き込んでいるよ、同じ所に関心を持った人は行ってみたらとか、○○さんの書き込みはとても面白いから、紹介してもらおう。自分も「なるほど」と思ったら行ってごらん。そして、みんなで考えてみようよ、等と言っています。それが終わったら全員で話し合いをするのです。

誰が・どこから・どんな問題を言うかは、私には全く分からないので、時として回り道をする場合もあります。時間がかかって次の時間にまで延びてしまうこともありますが、それはそれで良いとして、今日は限定された時間で始め、終わらせるという意識を持って取り組みました。

しかし、授業の後で子どもたちの書き込みを見てみると、(授業の中で)自分に気づかないことや、とても面白いものがあり、どうしてこれを引き出せなかったのか、生かせなかったのか……という反省がよくあります。それ(書き込みをどう生かすか)は、今後も課題です。また、今日、「物語の最後の方は大切なことが出てくる……」と言った子がいましたが、そういうことも学習しているうちに体験し、分かってくるのでしょう。

【参観者から】

稲垣　どこからでもいいです。一番に言いたいことを言ってください。

(研究員A先生)

・最後の感想は書いて終わったけれども、(この時間の中では)紹介し合うことはなかったけれども、あの終わり方に何か意図はあったのか。

(阿部先生)

・家へ帰って、だれがどんなふうに書いたのかじっくりとみる。一時間の中でどれだけ深まったかということをみたい。後日、それぞれの感想を回し読みもする。

(研究員B先生)

・三さんを追っていた。彼女は非常にはっきりものを言う子であったが、書く時には何回も消すのをみた。一つのことを書くのに、何度も消して、書いて、消して、書いてのくりかえしであった。一つのことを書くのに考え、考え、考えを絞り出しているような姿が見られた。先生の授業を見ていると、例えば、始まりの時、阿部先生が「今日は詩をやります」と言った時、子どもから「やったあ!」という声が聞こえたり、授業が終わった後に、「だから詩っておもしろいんだよなあ」というつぶやきが出てくるということが、どうしてかということが分かった。自分も見ていてすごく楽しい授業だった。

(研究員C先生)

・茶君という子に目をつける。彼は、自分の生活と重ね合わせてこの詩を読んでいたのではなかろうか。「自分だったら無視する」などの発言。松君は、差別という言葉を出した。自分の言葉を見つけて話している姿にものすごい成長を感じた。

（阿部先生）

・言葉というものは、独自性を持っており、（作者が）峻別しているのである。ほかの言葉では表せないものを。この言葉でしか表せないものを。そういうものを子どもが読んだ時、子どもたちもまた読み取ったり、考えたりしたことを、頭の中から言葉をひねり出して話していって欲しいのである。より的確な言葉を見つけていって欲しいと願っている。そういう子どもを育てたい。自分の言葉を見つけて話せるようになることが成長である。

・子どもたちは、この詩を読んで「差別をしてはいけない」という読み取りをした。…差別という言葉やそれをどう扱うかは我々の研究会の仲間から出なかった。子どもたちはすごい。子どもって、こういう姿を持っているからすごい。子どもたちは学びの中で自らを耕していけばいくほど、私たちにそのすごさを見せつける。こちら（教師）が謙虚になればなるほど、本当にすごいものを子どもの中に見つけることができる。

（牛山先生）

・昔は、○○先生の授業を見に行くということが普通に行われていた。今はほとんどと言っていいほどない。どんなに美しく素晴らしい教育論を持っておこうが、どんなに優れた百の授業論があっても駄目。実践が全てである。先輩がこういう授業をしているという事実がまず会のみなさんにとっては本当に幸せなことなのである。こういう先輩に出会えた。こういう授業に立ち会えたということが幸せである。

・教材開発……あれこれの中から選ぶ。この段階で教師の意気込みが違う。選ぶということですでに自分（教師）の、思い入れが入っている。（ここの所を子どもに感じ取って欲しい、味わって欲しい）また、子どもはどんなふうな受け止め方をするのかなあ……という楽しみも出てくる。

・子どもから現れてきた事実を受け止める器を持つことの大切さ（阿部先生にはそれがすごくある）。

・阿部先生は子どもたちとのやりとりを見ていると、おだやかでやわらかいけれども、やわらかさの中にある厳しさがある。何もかもが自由にやわらかくやってきたものではないであろう。姿勢がいいとか、書き込みの時にさっと定規を出して線を引くとか、あのように身につけたものは阿部先生のこれまでの指導にあるのであろう。

・普通の授業は先生がつなぐが、阿部先生の授業は子どもがつなぐ授業であった。先生は受け止め役であり、聞き役であった。どうしてこうなるのか、それを分析することが大切である。（その背後にあるもの、それまでの子どもたちとの取り組み等）

・子どもたちは考えながら話し、話しながら考えていた。子どもたちの発表は、書いたものをそのまま丸読みするような発表ではなかった。言い急いでつまる子やどもる子、話しながらこけそうになる子、この姿が考えながら話している証拠だ。

・ビデオで阿部先生の授業を見たことがあるが、本物と全然違った。今、この空間が生きている。長野から横浜まで出てきて本当によかった。一見、子どもたちの学習は自然に行われているようであるが、こういう姿、こういう空間が作られるまでのいきさつはかなりすごいものがある。一体、阿部先生がどうやってこのようなクラスを創り出してきたのか、われわれは分析しその実践に学ぶ必要がある。

・差別という言葉で最後まとまってきたような形になった。差別……人間と人間の関係……いろいろな言葉を使っているが、言葉で飛んでいっているような感じがする。この場合、もっと、いきさつのリアリティ（状況のリアリティ）、即ち叙述を大切にすることが重要ではなかったか。（例えば、筆者が手当たり次第自分の身の回りを何かないかと探し、見つからないのでいらいらして、乞食の手を思わずぎゅっと握りしめる、この場面の叙述をもっと子どもたちの考えを聞くなど……）子どもたちはこのリアリティを読みほどく力を持っているので、そこがあればもっと面白くこの詩を読んでいたのではないだろうか。

（長谷川さんの感想）

阿部先生のこの授業に対する思いが、改めて伝わってきた。図書館に行ってむさぼるように読み、（積み上げるほどのいろいろな詩【↓大岡信さんの「爪のうた」も一つの候補になった。この時他の大岡信さんの詩をできるだけたくさん集め、（特に爪のことについて書かれてある詩）読み、その詩の背景、大岡さんという人物までを探った）短編、民話、創作（松谷みよ子さんの全集）……】そういう莫大な量の書物の中の最後の最後に見つけ、決断したのが、このツルゲーネフの「乞食」という詩であった。「あとかくしの雪／木下順二」に似た感じがしたという（二つの大きな葛藤がある話）。やはり、今までの実践が生きて（どんな教材が子どもたちに入るのか、どんな教材が子どもたちと読む中で深まるか）そういう勘があるのではなかろうか。

「乞食」にだいたい絞ってから、今度は乞食の詩が載っている本をかたっぱしから集め、それを比べて読んだという。それは、乞食はもともとロシア語で書かれてあるもので、翻訳した人によって、様々な訳し方があるからだという。

読み比べると面白いと言われていたが、私はすごいと思った。常に多角的にものごとを見ていこうとする視点、思考、非常に参考になる話だった。常に一つのことに執着しない、それで満足しない、ぎりぎりまでとことん追求していく、前進あるのみの姿がここにも現れている。私は、阿部先生の本当に子どもに対する優しさと温かさを感じた。私もそういう先生に近づきたい。

そして、子どもたちは本当にすごいと思った。この難しい詩を（我々研究会の仲間が何日もかけて読み込んだ詩を）たった二時間で、しかも皆が意欲的に読んでいくことに非常に驚いた。こういう事実を目の当たりにできた自分はなんて幸せ者なのだろうと思う。さらに今回私が非常に勉強になったことは、「事前に自分のこの詩の読み取り（解釈）や授業案を書くことで、自分も授業の中に入って、参観することができる」ということを身をもって経験できたことだ。

例えば、書き込みの時、子どもはどのくらいのことに気づくのだろう、どんな所にひっかかり、疑問を持つのだろうとわくわくしながら見ることができた。また、授業の中で子どもたちから突拍子もない発言が出てきた時に、それがどう生かされるのか？（どう流れが変わるのか。どう受け入れていくのか）そういう視点を持って見ることができた。ただただ、授業を見るだけでは、このような視点はおよそ持てていなかっただろう。事前に自分自身の読みと、いろいろな読みの可能性を考え、自分ならどう立ち向かうかという土台を持って授業に望むとより自分の学びになる。今後の授業参観、授業研究の大切な心構えとして覚えておきたい。私の新しい課題「子どもの目線に立って授業を組み立てること」が、この授業を見て（解釈&授業案を書いた上で）明確になってきた。

研究会の時、教育研究所の先生方は、「私は○○君に注目しました。」「◎◎さんを見ていました。」というように全部を見ようとするのではなくて、ある特定の子に目をつけて、その子の授業の中での変化を見られていた。○○君は初め、ここのところをこういうふうに読んでいたので（明らかに解釈が違うと思ったので）この子がどういうふうに変わっていくか興味があった。きちんとした見る視点がある。

◆

参観された研究員の方からのお便り

その後、二月八日付で、参観された研究員の方全員から授業についての考察が届きました。一人ひとりが子どもたちをきめ細かく見ていてくださったことが窺われ、有難く読ませていただきました。子どもを大切にするから子どもたちをしっかりと見ることができるのだと、しみじみ思います。その中から、五校時の子ども同士の話し合いもよく分かる文章を紹介させていただきます。

【授業を参観して感じたこと】A先生

授業を参観させていただき有難うございました。「このような授業があったのかと」と、正直ショックを受けました。心に残ったことはたくさんありますが、その中から二つのことについて書きたいと思います。

一つは、子どもたちの話す力、聞く力が育っていることです。一人ひとりが話したい内容を持ち、友達に話しかけ、他の子どもたちも発言する子どもを見て聞きとろうとしていました。形式的に話したり聞いたりしているのではないことは、子どもたちの眼差しから感じ取ることができました。更に、お互いの意見がばらばらに出るのではなく、絡み合いながら話し合いが深まっていました。

乞食が何人かを考える場面では、人数を考えながらも、兄弟の意味や乞食の気持ちを考え、乞食と私の関係が変化していったことまで読み取っていることに驚かされました。また、先生の出は極めて少なく、先生の短く選ばれた言葉を子どもたちはしっかり聞き取り、そこから話し合いを発展させていました。子どもと子ども、子どもと先生の間に、聴き合う関係ができていて、心地よい空間を感じました。

二つめは、グループ学習（友達学習）で、子どもたちの力だけで学習を深めていったことです。茶君達は初めに「有難い頂戴物とは何か?」について考え始めました。茶「優しさじゃないか」茶「何よりも、気持ちの方が嬉しかった」茶「ものの価値より思い出の価値の方が大きい」と、頂戴物を心ではないかと考え、次に「ありがたいに関係する場所あるかな?ほどこしって何?」と「ほどこし」を問題にしていきます。茶「辞書にはお金のことが書いてあるけど、ここはお金とは違う」茶「悟るって、自分で実感したって感じでしょ」と話しながら、茶「作者がうけたほどこしだよね。作者が受けたほどこしってどんなもの?」と、ほどこしの内容を考え始めました。これは先生が展開の核として考えていた主たる発問の一つです。書き込みではラインを引いてありませんでしたが、この問題にたどり着き話し合いを始めたことに驚きを感じました。私自身、グループ活動になると、おしゃべりのために話し合いが停滞してしまうことが気になってしまうのですが、茶君達は自分たちで新しい課題を決め、深く追求していきました。子どもたちが友達と学び合う楽しさを実感しているからこそ、このように追求する姿が生まれたのではないだろうかと思いました。

このような子どもが育つまでには、先生のご指導の積み重ねがあったのはもちろんのことと思います。更に、研究会で先生が「子どもたちとやったらおもしろいだろうなぁ」「子どもの力に驚かされる」とおっしゃっていた言葉から、子どもたちを尊重し常に子どもを中心に考えている先生の姿、熱意、豊かな人間性が、子どもたちをここまで成長させているのだと感じました。先生のような授業をしてみたい、そんな気持ちにさせられた二時間でした。

また、差別という言葉について言及している方もいました。

【阿部先生の授業から学んだこと】T先生

（前略）まず目にとまったのは「乞食」という詩の題でした。以前「乞食は差別用語なので言ってはいけない」と教わった記憶があるので、どうやって授業をなさるのかまず興味がありました。更に研究員同士で教材研究をすると、一人ひとりの詩の理解が微妙に違い、子どもたちがつまずくであろうところも違って、阿部先生はどうやって授業を進め、どう子どもが反応していくかはますます興味が湧いてきました。

いざ、教室に入って子どもたちと目を合わせた瞬間、これは何かが違うと第六感がはたらき、いきなりそれが的中しました。乞食の詩を手に取った子どもたちはすぐさま音読に入っていきました。しかも、初めて読む詩なのに、強弱や間など一人ひとりが個性的な読みを始めていき、その姿に驚くばかりでした。こうした驚きは二時間の授業の中で数多くあり、一つひとつとりあげたいのですが、「乞食」という言葉と一人ひとりの考えの変化で学ばせていただいたことを書かせていただきます。

まず、初めに「乞食」という言葉の扱いです。先生が予め「今日学習する乞食という言葉は、……」などと指導上の配慮をしなくても、途中の子どもたちの発言からも分かるように「差別感」や「差別の壁」と言ったことが自然に出てきて、子どもたちは差別意識を持たないように必死で言葉を選びながら発言していたように思います。先入観を捨て、あれだけ人の温かさ、ぬくもりを感じ取る阿部学級の子どもたちには、いらぬ心配でありました。授業研究会で阿部先生が言葉の独自性を子どもに考えさせたいと話されていました。言葉の独自性とはどういう事を言うのか私には良く理解できませんが、「お金では買えない心をくれた」「お金より温かい気持ちを与えてくれた」「どんなにお金を払っても買えない～」等の、一連の子どもたちの発言を聞いて、言葉を通した作者と乞食の関わりから、人間の心についてここまで考えられる子どもたちに感銘を受けました。（略）次に一人ひとりの考えの変化についてです。私は三さんの読みや授業での発言、詩への書き込みメモなどから、三さんの学びを考えてみました。三さんの読みについて、何回か読んでいくうちに私自身が気になったのは、最後の一行でした。他の行は読むたびに上手くなっていくのですが、最後の行だけはつかえていました。口が上手く回らないのではないかと、その時は思っていましたが、授業を終えて改めて考えてみると、全体の場で話し合われた兄弟について、乞食の兄弟なのか、心が通い合った兄弟（作者と乞食）なのか、彼女の疑問がつかえた読みに出ていたのかなと思うようになりました。三さんは、友達勉強から兄弟についての自分の考えを強く持ち「この兄弟から」の叙述にすごくこだわっていました。結果、彼女は、阿部先生の最後の押さえの場面に影響されたと思いますが、兄弟は作者と乞食の心の繋がった関係ということに落ち着いていきました。（略）なかなか納得しなかった彼女が、なぜ心の通った兄弟に考えを変化させていったのか、彼女の学びの理解に苦しみます。（略）彼女が「この兄弟から」の前後の情景・イメージをどう心に描いていたのかが知りたかったです。三さんの心の変化を読み取ることができず、力不足を痛感するわけですが、一人の子の学びというのは、発言した言葉やメモだけでは判断できないことを二時間の彼女の姿から教えていただきました。彼女の心に何が起こったのかを知りたくてたまらない心境です。
（後略）

「よく見ているなぁ」、「一人の子の学びをとことん考えているのだなぁ」と嬉しくなるご指摘です。「子どもを大切にするとはこういう事なんだよなぁ」と改めて感じました。

確かに三さんはあの時間内に心から納得したかと言えば、「ウーム」と私も考え込んでしまいます。前後の文の関係から教師に説き伏せられて、「こうなのではないか」と言われてもなかなかすとんと腑に落ちない時もあるのでしょう。時に三さんが私に言っていた話にこんなのがあります。「頭で思っていても言葉に出すと、『ちょっと違うなぁ』と思うことを言っていることがあるんだよね」と。これは一体何を意味するのでしょうか。私自身、発言の本質をもっと聴き取らなければならないと思います。言葉を適切に使えないということなのか、話しているうちに何かのきっかけで、その内容が思ったことからずれていってしまうということなのか、深く考えなければと思います。ただこの授業の翌日、「昨日はなかなか納得できなかったかな？」と聞いた時、三さんは「帰り道、ずっと考えていて、家に着く少し前に、ああ、あの兄弟は作者と乞食のことなんだと分かった」と言っていたのです。朝の挨拶後の話だったので、他の子は何を今頃と思っていたのでしょうが、私が感動したのは、帰り道ずっと考えていたという言葉なのです。三さんの中では授業はずっと続いていたのです。こだわりを持ち続けていたのです。

私が子どもたちによく話す言葉に「賛成であっても、もう一度考えるがいい。反対であっても、もう一度考えるがいい」という中国の諺があります。それを実践していたのですからすごいことです。授業中の子どもは、発した言葉だけでなく、一つひとつの表情や仕草までも視野に入れないと「子どもの中の何かが変わる」という域までの学びにはいかないのかも知れません。

本当に難しいことなのですが、子どもを考える、授業を考えるということはこういうことなんだなと改めて考えさせられました。

教育研究所の皆さんには改めて感謝の意を衷心より表したいと思います。

「乞食」の授業風景

第三章　教師としての最初の六年間

（浜見小学校）

水墨画「あじさい」2005年5年生

さて、授業のことを中心に書いてきましたが、少し趣を変えて、私が教職に就いた最初の六年間を振り返り、そこからどんなふうに研究を始めたのかを紹介します。教育とはどんな仕事なのか、教師としてどう生きていくのが良いのか、納得できる日々のためにご自身のこととして考えていただけると幸いです。

1 最初の赴任地で——出会い

一九七九年四月、私はJR東海道辻堂駅から南へ、歩いて二十分くらいの藤沢市立浜見小学校に勤務しました。そこは私の初任地で、多くが辻堂団地や公務員住宅から通う子ども、それから日産自動車の社宅があり、そこから来る子、そして多少の地元の子達が集まって来る各学年三クラス編成の中規模校でした。

学校から海まで歩いて五分。屋上からの相模湾は時に限りなく眩しいくらいに輝き、東南の方向には江ノ島を眺めることができました。目の前には神奈川県立海浜公園が広がり、東側には相模工業大学（今の湘南工科大学）、西側には高浜中学校、その中学校のすぐ裏には高砂小学校、その小学校の東側に隣接して白浜養護学校という、一区画にこれほど多くの学校が集まっているのは珍しいことです。浜見小は高砂小学校から分かれてできた経緯がありますが、今は（二〇〇七年度現在）、全校で十クラスの小規模校になっていると聞いています。

その浜見小学校に赴任して私は六年間を過ごしました。最初に担任したのが一年生、それから持ち上がりの二年生。次は五年生そして六年生、それから三年生・四年生と、六年間で全学年を持つことができたのです。子どもたちの成長を肌で感じるうえからも、学習内容の系統性を体験できたことからもこれは幸運でした。しかし、初任者の男性が一年生を持つことをとても心配していたと、私の指導教諭だった玉村喜代子先生は当時を振り返って話してくれたことがあります。「大丈夫なんですか校長先生？　初めてで、しかも男で」との話に「『あいつなら大丈夫だ。何かあったら俺が責任を持つ』と校長先生はおっしゃっていたわ」と。校長も豪放磊落な方でした。

「最初にどのような人に出会うかは、教師にとって（人間にとってと言った方がよいのでしょうが）決定的な出来事である」と、それ以後、折に触れて考えさせられる事実を何度も見てきた私にとって、玉村先生に出会えたことはとても幸運でした。

「自分で良いと思ったことはどんどんやればいいのよ。周りに合わせることばかり考えているから教員は個性がないのよ」と言いながらも、初任者の研究授業がある時はご自身でも教室で指導書を読まれ、一緒に悩んでくださいました。その姿は今でも鮮明に覚えています。しかし、指導案について一々何かを言うことはなかったのです。ただ私の子どもたちに対する考えや教育観とも言えない話をよく聞いてくれました。この「話（教師としての夢・希望といったもの）をよく聞いてくれた」ことから、実はとても安心感が生まれ、仲間作りと馴れ合いよりも、授業を根本として子どもに関わり、子どもの可能性を信じ、弛むことなく「教育とは何か・優れた授業とはどのようなものなのか」を追求していく、教員としての生き方を確立できたのだと思います。

玉村先生は好き嫌いもはっきりしていたし、ご自身の意見も歯に衣を着せず直截に言う方でしたが、人の話もよく聞いてくれました。人間として自分を持っている方なのです。

2　常に子どもの中にいて子どもを学ぶ

最初に一年生を担任できたことは本当に幸運でした。その頃は教科書を見るよりただひたすら子どもと遊びました。朝マラソンと称しては早く来た子どもたちと学校の敷地内を走り回り、二十分休みはボール遊びと、常に子どもたちと一緒でした。職員室に行き先輩達と話すこともなく、教室でもふざけっこをしていたのです。そして、一ヶ月もしないうちに回転の予測がつかないラグビーボールを買い求め、校庭が開いてる時は急遽外へ出てそのボールを投げ上げ、それをみんなで追いかけ回していました。ただそれだけなのに、子どもたちは必死で追いかけるのです。

瞬間瞬間を夢中になって生きている子どもたちを発見できたのは、そんな日常を通してでした。でも中にただ黙って見ている子どももいました。「一緒にやらない」と言うと「服が汚れるもん。お母さんが洗濯大変だもん」と、思ってもみない言葉だったのでその時は何も言えませんでしたが、さて、次の時には何て言おうかと考えました。「服の汚れていないのを見て、『よかった』と思うお母さんっているのかな。汚れた服を見て、『今日は元気に遊んだんだな』って思うよ。お母さんは嬉しくて、洗濯が楽しいって思うんじゃない」と話してから、その子は一緒になってボールを追いかけるようになったのです。

私が最初に下宿をしたのは4畳半二間にキッチンとトイレついているアパートの二階でした。

そこは学区から道一本隔てた浜見山の交差点近くです。学校から近かったこともあり、土曜日の午後や日曜日になると一年生でもよく遊びに来ました。近くの公園で鬼ごっこやバトミントンをするとお腹がすくのでインスタントラーメンをご馳走することにしたのですが、これが大反響になりました。「先生のうちで食べるラーメンはうまい」と言うのです。一気に六人から七人も来るようになったので家にある鍋では間に合わず、急遽直径三十センチの鍋を買いインスタントラーメンも箱ごと買うことになりました。子どもたちは順番を作り毎週遊びに来たのです。

下宿に来る子どもの顔は学校とは違ったものでした。どことなく緊張もし、ワクワクした様子も見られました。「先生の部屋」に興味もあったのでしょう。小さな部屋は子どもの海でした。私の顔も違っていたのでしょう。何かを教える教えられる関係でなく、一緒にいて同じ方向を向いているという感覚なのです。

六年生を担任した時にはいつも行っている銭湯に行ったことがあります。ぞろぞろと男女二十人ぐらいが風呂桶とタオルや石けんを持ちバス通りを歩いて行くのです。男風呂女風呂に分かれて入ると声が響いてきます。「あんまり騒ぐなよー」と叫ぶと「は〜い」という返事。湯上がりの赤い顔した子どもたちは、ほとんどが銭湯が初めてだったのです。

また、日曜日に映画を見に行ったこともありました。三十人位の子どもたちを連れ、辻堂から藤沢の映画館まで片道一時間以上歩きました。手には家で作ってもらった弁当を持ち、「典子は今」という障害者の懸命に生きる映画を観に行ったのです。

土曜日や日曜日は辻堂海岸から投げ釣りをしました。一番釣れたのは「いしもち（石持）」という魚です。それを塩焼きにして子どもと食べたことが何度もあります。

また、二宮駅を降りるとすぐ近くにアスレチックがあり、そこにも行きました。管理職が事前に知ったら色々とクレームが付いただろうと思いますし、決して安易に勧められることではないのですが（今なら保護者の方にも同伴してもらうでしょう）、常に子どもたちと一緒でした。

三・四年を担任した時も同じでした。私が帰宅すると子どもたちが遊びに来ていて、私の妻と今日学校であったことを話しながら私の帰りを待っているのです。もうそれは日常茶飯事でした。誰も来ていないと、「なんだ。いないの」と思うくらい、私も楽しみにしていたのです。

それからこの二年間は合唱にも力を注ぎました。「大塚サンミュージック」というところからレコードを出したのです。合唱指導は素人同然なんですが、斎藤喜博先生の著書を読んでいましたから、自分にもできるんじゃあないかと思い夢中になって取り組みました。スメタナの「モルダウ」や「ピエロのトランペット」など二十数曲を歌うことができるようになり、市の音楽会に参加したことや保護者と開いたクラスの音楽会も懐かしい思い出です。クラスの音楽会ではお母さん達も合唱を披露してくださり、そのために何度か学校の体育館で練習をされていました。

この頃、もう一つ懸命だったのが跳び箱の閉脚跳びでした。浜見小は外の砂場のところに跳び箱が二つ出されていました。出し入れは体育委員会の毎日の仕事です。四段と五段が並んでおかれて、私は二十分休みになると必ずそこに行き子どもが跳ぶ姿を観察しました。助走や踏み切りの姿勢、そこからの着手の位置、そして、体重移動するまでの一連の流れをつぶさに観察していました。開脚跳びは全員が跳べるように指導できたのですが、跳び箱を縦に置いての閉脚跳びは怖さも手伝います。どうしても跳べない最後の一人から、どのように指導するのかを学んだのもこのころでした。一番大変な子から全てが学べるのだと、教育者としての基本を学んだのでした。

この六年間は学校でも家でも子どもたちと一緒でした。三百六十五日一緒だったと言っても過言ではありません。私の長女と次女はそんな子どもたちにかわいがられて育ったのです。私は子どもたちから色々なことを学びました。子どものものの考え方、感じ方、子どもの身勝手なところも含めて、「子どもは子どもであることだけで素晴らしい」という思いも体を貫いて心に刻まれました。

3　教師として優れた実践者に学ぶ・優れた実践者に憧れる

一方、教員になった最初の年から斎藤喜博先生の本は読みました。「斎藤喜博というすごい校長がいる。授業の名人だ」とは、同い年で私より先に教員になっていた友達から聞いていたのです。群馬県の島小学校・境小学校での実践が群を抜いていたことを著書で知りました。

教育とは何かをずばり言う爽快感が私を魅了したのです。明快な言葉が並んでいて授業批判も厳しいものでした。近隣の書店には余り置かれていないので、給料をもらうと東京の本屋まで行きました。何度読んでも分からなかったのが「教師の教材解釈・具体的な発問とは」です。十年間追いかけようというのがその時の決意でした。

「授業入門」「教師の仕事と技術」等々、常に持ち歩きました。家では教材の解釈とは、具体的な発問とは等、ノートやざら紙に文章をそのまま書き写していました。あまりにも書き写す日々が続いたもので、「いっそ、小筆の練習も兼ねよう」と思い、半紙に斎藤先生の文章を書き写すこともたくさんしました。また、一つの教材をめぐり自分の教材解釈や発問を書いては斎藤先生のと比較し、何度やっても余りに違うので本をくしゃくしゃにして投げつけたことも懐かしい記憶です。おかげで赤の線がびっしり入った宝物になりました。

しかし、学校現場の人達は斎藤喜博先生のことを知らない人がたくさんいました。「(喜博きはく、を）よしひろって誰」という言葉にはある種のショックさえも覚えました。

また、島小の実践を読んでいくと武田常夫先生の名前が目にとまります。武田先生の「文学の授業」や「詩の授業」の著書にも啓発されました。授業力を高めるためにご自身の優れた授業内容であっても妥協を許さず、高みを求めていく姿勢には感動すら覚えました。

色々読んでいくうちに「教授学研究の会」とか「教授学研究」という言葉や本も知り、多くの研究者の名前も覚えるようになりました。後年、色々ご指導をいただくようになった稲垣忠彦先生や藤岡完治先生の名前を最初に発見したのも「教授学研究」からでした。

4　何か一つの教科に全力を注ぐ

私は国語教育を自分のライフワークのようにして取り組んできました。元々は法律を少しかじった程度の人間なのですが、教育実習先の学校で二教科の研究授業を言い渡されました。一つは道徳、それから教科を何か一つというので国語の「アンリ・ディナン」（伝記）を選びました。

それ程深い意味はなく、実習先のクラスが学習していた単元だっただけのことでした。

そして、斎藤喜博先生の著書には、勿論合唱や体育もありますが国語についての叙述が圧倒的に多く、私自身も、国語が全ての基本になるのだろうとの思いも手伝ってのことでした。

大まかですが、以上が私の六年間の様子です。皆さんはどのような六年間をお過ごしですか。

5　六年間を振り返ったもう一つの理由

私がなぜ自分の六年間を書いたのかを、もう一つの角度から考えたいと思います。

ここ数年間で、私は耳を疑うような言葉を何度か聞きました。「教員になったんだから、もう勉強しなくていいんだよ」「一番大切なのは仲間作りよ。みんなと歩調を合わせることが大切なのよ」、時には職員室で指導書を見ている若手を「勉強家だねぇ」と明らかに揶揄している言葉にも接し、激怒したこともありました。勿論、真摯な教員もたくさんいます。

佐藤学氏が、ある講演会で「職員室を拠点とする教師と教室を拠点とする教師」の話をしていました。子どもたち一人ひとりの今日の様子を振り返り、記録をつけ、明日はこんなことを話そうと計画している若手の教師がいます。そのノートには休み時間の様子や学習中の態度など、事実（事実記録）を記しそれに対する自分の印象（印象記録）がびっしり書き込まれているのです。

二ヶ月・三ヶ月と書き続けていくと、子どもの行動が別の角度から見えてきます。

いつも隣の子の鉛筆を使うA君、友達の大切な物を隠してしまうB君を、最初は「問題のある子・困った子」と思っていたのが、記録を振り返ると「何に満足できないのかな」「この子に何がこうさせるんだろう」「この子は何を表現しているんだろう」と教師自らの接し方や次の取り組みの工夫・改善等へと、知性を働かす契機になります。更に注意深く子どもを見て記録を続けると、今まで気づかなかった美しい表情や優しい行動を見ることができます。そんな時、その子の心を想像することは楽しい一時なのです。見ようとすれば、色々なことが見えるのです。

このようにこつこつと子どもの成長に心を砕き現場で学んでいる教師は、職員室に行っている時間などあまりないのです。しかし、職員室に行かないと学年内の打ち合わせや行事の相談ができないこともあります。教師は多忙な日々を送っていることも事実です。

一方、職員室にいて教育の現場に慣れ、同僚に慣れ、仕事に慣れてしまうと、そして、それが安易な馴れ合いだったりすると新鮮さを失ってしまうのか、みんな同じだと思うのか、子どもに対する驚くような場面に遭遇することがあります。

「若いからってナメンじゃないょ」とすごむ姿、「おまえら、みんな集まっているのに何やってんだぁ」と怒鳴る顔。時には「えっ」と驚く状況に出会ったりもします。そんな時「教師になる夢はこんなだったの」と問いたくもなるし、「怒鳴る教育を止めよう」と職員会で提案したこともあります。その時の管理職の言葉は「それは、時によるよ」という程度。話の本筋も教育の本質も全く見えていないのではないかと思わざるを得ません。

ほとんどの教員は子どもたちの健全な成長を願っていることは確かでしょう。だから力が入ってしまうこともあるのでしょう。若い教員ならなおさらのこと純粋な心なのだと思います。情熱的であることは素晴らしいことですが、それと荒々しい言葉で対応することは全く繋がらないことなのです。穏やかな若手に出会うことも多々ありますが、そんな時は「ほっ」とします。

威圧的な言葉は人間を萎縮させます。教師になったら子どもから学び、先人の優れた実践から学び、自分の授業を振り返って学ぶことが不可欠なのです。現場でしか学べないのです。

言葉は、子どもたちの可能性の扉を開くこともできるし、閉ざしてしまうこともあります。

教職について最初にどんな人に出会うか、最初の三年なり五年に何を学ぶかが大切だとは、心ある人が口にする言葉です。そして、井の中の蛙にならないように、他県の研究会にも参加することが重要です。「何のために教師になったのか」、その原点を忘れない人間でありたいですね。

第四章　藤岡完治先生との研究

―「最後の授業」授業と振り返り―（羽鳥小学校）

版画（凧づくり）5年生

二番目の羽鳥小学校時代にこんなことがありました。

ある小学校で国語の公開研究会がありました。どのような研究会だったのかその詳細は忘れましたが、研究助言者の中に藤岡完治先生の名前がありました。私はその名前に惹かれてその場に参加したのですが、藤岡先生は授業の様子を後方からビデオテープに収録していました。この研究会の中心的な講師は別の方だったのです。

授業後の研究協議に入った時、私は見せていただいた授業者に対し質問をしました。それは講師である方の考え方・見方とは違っていました。私は、つい「私の意見に対して藤岡先生のご意見を伺いたいのですが」と発言してしまいました。しかし、藤岡先生は何も答えられませんでした。これが藤岡先生との出会いだったのです。

そして一週間もしないうちに横浜国大に電話をかけ、藤岡先生に「私の意見を覚えていましたら、先生のご意見をお聞かせください」と率直に言いました。「もっともな意見だと思っていました」という答えに、ぜひ羽鳥小学校においでいただき国語部の授業を参観してくださいとお願いしてみたのです。快く了承してくださいました。やや厚かましい行動かも知れませんが、自分から求めなければ道は開けないのだとも思っていましたから、結果には満足していました。

さて、藤岡先生とどのような研究をしたのかを当時の冊子を紹介しますので、一緒に考えていただければ幸いだと思います。

私は担任していた六年三組でアルフォンス・ドーテの「最後の授業」を公開しました。

そして、この年の研究冊子には次のように記しました。

【（略）授業記録を作り発問や発言の足跡をたどってみると、何とたどたどしく的はずれな一時間であったかと赤面するばかりである。ドーテの「最後の授業」はそういう自分の非力さを味わわせてくれるに十分な授業であった。しかし、授業の足跡をたどることによって自分の課題（授業の課題）がはっきりしたことも事実である。

特に藤岡完治先生と授業論、教材解釈などについて度々懇談的に話ができ、授業後は「最後の授業」のビデオテープを見ながら、その時々の授業者の判断・対応・方向性の決定などについて、かなり具体的に研究できたことは大変な収穫となった。（略）】

授業公開したのはこの物語の山場となる最後の場面です。教材解釈や指導案はその当時書いたものです。

「最後の授業」の授業（一九八六年十一月二十日）

とつ然、教会の時計が十二時を打ち、続いてアンジェリュスのかねが鳴りました。ちょうどそのとき、教練から帰るプロシア兵のラッパが、ぼくらのいる窓の下で鳴りひびきました。アメル先生は真っ青になって、教だんにお立ちになりました。先生がこれほど大きく見えたことはありませんでした。

「みなさん。」

と、先生はおっしゃいました。

「みなさん、わたしは――、わたしは――。」

しかし、先生は胸をつまらせて、言葉を続けることができませんでした。

そこで、先生は黒板の方に向き直り、チョークを取って、力いっぱいに、できるだけ大きな字で書かれました。

「フランスばんざい。」

それから、頭をかべにおし当てたまま、じっとしていらっしゃいました。やがて、何も言わずに、手で合図をなさいました。

「おしまいです。――お帰り。」


（光村図書　六年下）

私の教材解釈

「フランツの変容」これこそがこの物語の柱である。彼の目を通してこの物語は語られている。一人の人間がかくも急激にしかも明確に変わっていく様子は、自分の中に「はるかに深い次元に豊かに生きようとするもう一人の自分がいる」思いがする。「もう一人の自分」とは、通俗的で刹那的な、いわばその時々を楽しく生きていればいいということではなく、もう一度生まれ変われるならこんな人間になりたいと願うような、いわば人生の総決算時に現れるような自分なのかも知れない。自分の死とまではいかないが、似たような体験がフランツに起きたのだ。

フランツは極めて平凡な少年である。鳥の巣探しやザール川でのスケートこそ満足を味わえるもので、分詞の規則を理解するだとか覚えるだとかは苦痛以外の何物でもない。プロシアの教練には興味を持つが、重要な告知がされている掲示板にも、その前に集まる人だかりにも関心は示さない。フランツの悩みは分詞の規則を覚えなければならないことであり、学校を休んで遊びたい気持ちを「やっと抑える」ことである。

そんなフランツにとって「その日の朝」は、いつもの朝とは全く違った一日の始まりとなる。分詞の規則を一つも覚えていないフランツの頭には、教室に入る時の下書きができていた。それは悪意に満ちたものではなく、フランツ流のやり方で、そこにはある種のおかしさも感じられる。しかし、教室の様子はいつもとは全く違っていた。その中でもアメル先生の態度は今までフランツが体験したことのない姿なのだ。混乱がフランツを襲う。

「やっと気持ちが少しおさまって」初めて先生の着ている服に気が付く。「なんとなく異様に重々しい感じ」「ぼくたちと同じように、黙って腰を下ろし」「みんなかなしそう」と、周りを冷静に見られる状態になったフランツには、一層の動揺が走る。

アメル先生は既にみんなが知っているはずの話（プロシアからの命令）をする。そこにはプロシアへの怒りとフランスを愛する心が込められていた。「よく注意して聞いてください」の言葉には、フランス語を取り上げられることの意味するもの、そして、自分たちの母国語であるフランス語をいつまでも忘れないで生きることが、人間としての崇高な生き方であるという主張。

「フランス語の最後の授業……」、フランツは考えたことのない自分を取り巻く状況や自分たちの国に思いを馳せる。当たり前に話し慣れている言葉、父や母との会話も友達との遊びも、更には全ての出来事がフランス語を通し語られている日常。自分たちの歴史であり文化であるフランス語を話せなくなる事実。明日からの全ての生活が外からの強圧的な力により変わってしまう。フランツはことの重大さを知った。あれほど嫌いだったフランス語を真剣に学びたいとも思った。自分の授業態度・フランス語に対する不遜な思い・アメル先生に対する態度など、今までの全てが自分を責める刃となってフランツに襲いかかるのだ。

そんな時、教会の時計が十二時を打つ。いつもその時刻になれば聞こえる当たり前の鐘の音を「とつ然」と感じるフランツ。フランツの全身全霊がアメル先生の一つの言葉、一つの仕草に集中していたのだ。「プロシア兵の……鳴りひびきました。」は、最後の授業を引き裂く音であり「くるべき時」が来たことを象徴しているラッパの音である。「真っ青になって」も教壇に立ったアメル先生に、全て（働く場所・住む家・日常の言葉等）を奪われても信念を持って生きていく先生の崇高な姿をフランツは見たのだ。

アメル先生のフランス人としての誇りと教師という仕事の全てをかけて、教室にいる人達に伝えたかったものは何か？　フランス人としての誇りはフランス語と共にあるのだ、フランス語の歴史の中にフランス人としての未来もあるのだ。日常ではこんなに強くは思えない事柄が、今最後の時を迎えて、アメル先生自身にも強い衝撃となって沸き上がってきたのだろう。

「力いっぱい」「できるだけ大きな字」での「フランスばんざい」には、プロシアへの憤りと抵抗がある。しかし、それだけではなく、「フランスという国を愛し、フランスの言葉を忘れないで、フランス人としての誇りを持ち、生きていって欲しい」という願いを子どもたち、アルザス・ロレーヌに住む人達一人ひとりの心に刻みたかったのだろう。

指導案

展開の核となる所 考えられる発問（群）	予想される子どもの反応	指導上の留意点
①教会の時計はいつも十二時になると打つのは分かっている。なぜ今日は「とつ然」と書いてあるのか？ ㋐以前のフランツと今日のフランツでは、教会の鐘の音に対する聞き方（聞こえ方）が同じなのか違うのか？ ㋑次の二つの文を比べる。 ・アンジェリュスのかねが鳴りました。 ・アンジェリュスのかねが鳴り	・フランツの態度は、既に以前とは全く違う。 ・この瞬間まで、アメル先生やフランス語について深く考えているし、授業にも集中しているからだ。 ・以前は早く鳴って欲しい。授業の終わる合図を待ち望んでいた。 ・今日は、教会の鐘のことなど、全く考えていなかった。 ・授業に集中していたから、鐘のことなど忘れていた。 ・最後の時が来たことを知らせている。 ・鳴り響くラッパの音には、プロシアへの怒りが感じられる。	・「とつ然」を物理的にも心理的にも「最後の時」なのだという、緊迫感を伴ったものであることを考えさせなければならない。 ・授業に集中していたり、アメル先生やフランス語について深く考えていること自体、今までのフランツにはなかったことである。 ・「鳴る」と「鳴り響く」を比較させ、最後を告げる音だけでなく、自分たちの教室や村中に入り込んで来る不快な音

ひびきました。
・どういう違いがあるのか？
・アメル先生とフランツは、どんな気持ちで聞いていたのか？
②「先生がこれほど大きく見えたことはありませんでした。」から
㋐真っ青になった先生が大きく見えるとは、どういうことか？
（人が大きく見える時とは、どんな時だろう）
㋑フランツはアメル先生の姿に何を感じたのか？
③「フランスばんざい」と書かれた文から考える。

・アメル先生にとっては、最後の時を知らせる鐘と更に追い打ちをかけるラッパの音が心に押し寄せる。
・最後の時が来ても、全力を出して何かを伝えようとしている先生の姿に感動している。
・自分に対し大切なことを必死で訴え迫ってくる時。
・苦しい状況でも弱音を吐かないで貫く時。
・どんな時でも堂々としている。
・今日これでこの村や学校から去らなければならない先生。かなしみや苦しみと闘っている姿。
・最後まで授業に真剣に取り組む姿から、先生のフランス語やフランスに対する深い思いを知った。
・フランスの歴史や伝統を学び、母国語であるフランス語を大

として考えさせたい。
・プロシアに対する憤りの感情とそれを受け入れなければならない現実の苦しみがある。
・フランツは以前のフランツではない。今という瞬間にさえ全力で自分たちにフランス語を教え、フランスの素晴らしさを訴えているアメル先生。今までのような厳しく、口うるさい先生には見えていない。
・フランツ自身の変容が、アメル先生の最後の授業にかける願いを感じ取っている。
・このフランスには三つの内容があると思う。フランスとい

・アメル先生はどんな願いを込めたのか？ ・フランツはどのように受け止めたのか？	切にして欲しい。そして、フランス人である誇りを失わないようにという願いが込められている。 ・フランツにはアメル先生の気持ちが分かったと思う。	う国、フランス人、フランス語である。 ・このアルザス・ロレーヌに住む人々に、これらの誇りを失わず、苦しい時代を生き抜いて欲しいと願ったものなのだろう。 ・他に表現の方法がなかった。

授業記録と藤岡先生との振り返り

授業テープを見ての振り返りは大学の藤岡先生の研究室（二階）がある棟の一階（教育機器の並ぶ部屋）で行い、その様子を別のテープに録り、それを起こしたものです。

T　七十六ページの突然から七十七ページまで、特に終わりから五行目の「フランスばんざい」という、そこに込められているアメル先生の気持ちとか、そこからフランツが一体何を感じ取ったのか、そういうことを考えながら読んでみよう。

子どもたち　めいめい読む。

増　読み（とつ然から最後まで）。

T　ダッシュの所を十分間をあけて読んでいる。工夫があり良いね。

高　読み（とつ然から最後まで）。

Ｔ　十分間を取っているのが良い。この二人の読みには違いがあったが、気が付いた人いる？

井　七十七ページの四行目の所「わたしは――、わたしは――」を高は最初小さく、後を大きく読んだ。増のは同じ大きさの感じ。

Ｔ　先生も同じ所を気が付いた。増は同じ調子で読んで、高は違いをつけて読んだ。何かあるんだろう。自分でこういうふうに読みたいんだ。それを工夫してもらいたい。中身がなんなのかは後で勉強しよう。もう一人読んでもらいたい。

鈴　読み（とつ然から最後まで）。

Ｔ　今の読みはどう違ったか分かった？

子どもたち　最初大きく、次小さく。

◆

【「ここでテープを止めましょう」との話がありました。振り返り　一回目】

藤岡　こういうのを聞いている時、何を聞いているんですか？

阿部　その子がどう読んでいるかと、半分は他の子の顔を見ています。

藤岡　それはどういう感じで見ていたんですか？

阿部　この授業ではめいめい一度読みましたよね。持ち上がりの子どもたちだったのでだいたいのことは把握できているんです。どのくらいの早さで読めるか、あの子の表情だと自分でも読んでみたいんだなとか、あの子なら違ったふうに読むだろうとかです。今見ていますと「フランスばんざい」等はもっと間を空けて読んでもよかったろうと思うのですが、授業でこちらがポイントを置いたところをどう読むか、そんなことを考えながら聞いていたり、他の子の顔を見ています。

藤岡　この子（高）は先生が指名した？

阿部　ええ、前の子とは違った読み方をするだろうという、今までの中からの判断です。

藤岡　ぱっと思い出します？

阿部　実際に「真っ青になって、わたしは――、わたしは――」って所も増と違う。百パーセント確信があったかと言われると疑問はあるんですが、色々な読み方を他の子達に聞かせ考えさせたいんです。

藤岡　それは先生が何かを狙っているんですか？

阿部　表現の仕方、要するに感情のこもった読み方。その中に感じ取ったもの、子どもが自ずと味わう場面があるんです。それを聞いていた子達からは「良い読み方だなあ」と拍手の起こることもある。その違いを出させ状況に応じて内容を考えさせたい。

間の取り方・抑揚の付け方・声の強弱など、子どもがなぜそう読んだかを取り上げても、授業展開のポイントになるのではないでしょうか。ここではそうしませんでしたが。この子（井）を最後に読ませたいとは、この時点で考えていました。

藤岡　どういうことですか？

阿部　他の子の読みを聞き分けるだけでなく、又、一時間の学習の中身を見る意味でも、読みで表現させてみる。でないと、友達の読みの違いは分かっても、自分の読み取ったものをみんなに表現しないのはおかしいし、その子の力にならないと思うからです。

藤岡　そうですね。指摘したら自分でも表現できるようにしてあげるってわけですね。そういうチャンスを与える。

阿部　今（その時を）読み返すとヒヤヒヤします。子どもの読みをただ何となく聞いているのではなく、三人の読みの具体性を整理し、感じ取った内容を出させたり、何を表現したかったのかを言わせてから授業に入るのも一つの方法でしょう。一方、子どもたちは最初の読みなので、それ程の意識はないのかも知れない。それならそれで、はっきりと読めたことを褒めればいいのでしょう。ここは、授業者（私）に最初の発問の意識・計画があったから簡単に扱ってしまったという結果になったのですが……。

【以下、子どもたちは教師が特別に指名した場合を除き、自ら立って発言していく】

T　今日は、ここからやりたいんだ。ここにこう書いてある。
・アンジェリュスのかね……鳴りました。
・プロシア兵のラッパ………鳴りひびきました。（板書）
なぜこう違って書かれているのか？

浅　鳴ったというと、ただ鳴った。鳴り響きましたというのは、窓に振動が来るくらいに鳴り響

鈴　きました、ということ。
鳴りましたは普通に鐘が鳴る。ラッパの音が鳴り響きましたは、音を聞いても普通は鳴り響かないのに、プロシア兵が吹いたから。フランスとプロシアの戦争で敗戦になったからアメル先生が授業ができなくなった。だから、フランスがプロシアを余り好んでいない。プロシアの教練が前は楽しかったが、今はアメル先生がかわいそうというか気の毒になって、プロシア兵の吹くラッパがぐさっと来て、何かすごく嫌になった。

大　私もそれ良いと思うんだけど、今はフランス語の最後の授業が終わろうとしている時なんでしょう。この時に、プロシアというドイツの国の兵隊のラッパが鳴ったら、フランツはすごく嫌だと思うの。

T　今までのように、気持ちが良いとは思わなかった？　また行って遊んでやろう、とは思わなかった？

新　プロシア兵のラッパが鳴って欲しくなかった。鳴らないで鳴らないでって、鳴って欲しくなかった。

浜　やっぱり同じように、普通に鳴るよりも、もっと大きくなって頭にビビビーとくるように。

徳　頭にずしんときた。だから鳴りましたではなく、鳴り響きました。私はね、教練から帰るプロシア兵のラッパはお迎えという感じで、アメル先生って言うのは先生だから、やっぱり迎えに来たという感じで、今日ここを立ち去るわけでしょう。アルザスを。この時間までしちゃダメですよという何か帰る間際になって、最後の授業をやろうとすることだと思うの。本当はやっちゃあいけなかったんだけれど、押し切って、やっちゃあダメだという意見を押し切って、この授業をやったと思うの。「ここまできたらやっちゃあダメだという合図のお迎えのベル」だと思うの。ラッパが絶対になって欲しくなかった。ラッパの音が聞こえちゃ嫌だ。ラッパの来るのが自分のために遅くなって欲しい。迎えのラッパは「運命の時」（板書）というかアメル先生との別れ目というか、ラッパで、これで終わりなんだという合図だと思うの。心、体全体で受け止めるアンジェリュスの鐘の音。教会と違って感じ方が違う。鳴りましたとは教会の時計の音が耳に入ってくるだけ。「鳴りひびきました」は体全体で受け止めた。

大　私もそれ良いと思うの。鳴りましたってのは何てことないな、いつものようだ。鳴り響きましたは、響きの中に気持ちが入っている。アメル先生がこの学校にいるのが最後になってしまったという気持ちが入っている。

T　「運命の時」を知らせているんだと言っているんです。鳴って欲しくないと、この言葉から感じられると言うんです。

山　初め、プロシアの教練がおもしろそうと言っていた。今は、アルザスの不幸を呼ぶといった感じ。

T　「アルザスの不幸を呼ぶ」（板書）ということは、フランツはこれはおもしろそうだとか興味をそそられるということはないのね。フランツは変わったと考えて良いかな。中の方から、誰かが見ているからではなく。

子どもたち　（うなずく）

◆

【振り返り　二回目】

阿部　指導案を書いている時点で、最初の発問で、子どもたちはこの違いをはっきり出せるだろうと考えていました。言葉や文を具体的に比較することで、そこにその言葉が使われている必然性や作者の意図を考えさせたい。具体的な叙述から登場人物の心情や情景の味わいをより豊かにさせたいと思っています。問題なのは、子どもたちの心に生起した思い・思い描いた様子が一般的だったり常識的だったりした場合です。子どもの意見をこの物語の中での生きた言葉（リアリティをもった言葉、言い方、味わい、戸惑ったような表情も含め）として表現させたいと思っています。今取り組んでいる作品の中での独自性という意味です。

藤岡　発言はたくさん出ているんですが、全体のことは考えているんですか？　どういうところで見ていますか？

阿部　一つは子どもたちの表情です。無表情だったり、うなずいたり、何か変だなと首をかしげて手を挙げかけたり。中には自分の意見はあるが言い出せなかったり、時には何を話しているのか分からない子のいる可能性もあります。だから子どもたちの表情や姿勢・手つきを見ていることもよくあります。

藤岡　この子（徳）が発言している時、他の子の状態をどのように思っているんですか？

阿部　大変に長いので、他の子達が要点をまとめて聞けるかどうかということです。それ以上に、この時は（徳の）読み取りの鋭さに感心するやら、それをこれからの授業展開の中でどのように位置づけるかを私自身困惑していましたね。

最後の時が来た。しかし、それは整理されていたはずの気持ちで、それが乱れた。それを「運命の時」と表現した。その苦しみやかなしみはとても言葉で表せるものではなかった。また、私が考えていた最後の時が来たからこれでこの学校とお別れしなければならない等といった、幾ばくかの感傷に浸っていたものではない。整理されていたはずの気持ちや感情なのだけれど、それが一つのきっかけ（プロシア兵のラッパ）でパニック状態になる。整理されていたはずの感情の爆発なんだ。それを一生懸命言っている。そのことは授業中の彼女自身の言葉からも分かるように、よりはっきりとした輪郭を描いてくる。言葉の端々からそれが分かります。

山の意見「アルザスの不幸を呼ぶ」は徳の意見に触発されて出てきたのでしょう。教科書のどこにもない言葉は、その子が思考の中でひねり出した言葉でしょうし、そういう言葉を聞けた時はとても嬉しくなります。

【私の課題として思ったこと】

授業者は子どもの意見を簡潔にまとめ、簡略化して板書しみんなに分かり易く提示しなければならない。このようなことは分かっているつもりだったが、授業記録を起こしてみると意外に抜けていたりする。板書で考えさせることに心を砕かなくてはならない。ただのまとめを書くだけでなく。

T　この中からはこういうことが感じられる。ところが、一番最初にどう書いてあるかというと「とつ然」（板書）と書いてある。考えてみると時計の鐘が十二時を打つのはいつもの当たり前のことではないのか。

三　その時はさ、今までずっとこういうよい授業をやってきて、いつもなら何とも思わないんだけど、この時は突然鳴ったという、ばんと破られちゃう。

河　これだけ授業に集中しているから他のことは関係ない。だから「とつ然」と書いてある。

西　おれもそう思うんだけど、普通なら早く鳴ってくれ早く鳴ってくれって言ってさ、遊びたいから早く鳴ってくれっていう感じだけど、今日の授業だけは熱心に……コガネムシが入ってきても気が付く人はいなかったんでしょう。それだけ集中していた。それを破っちゃった。

端　いつもなら十二時の鐘の鳴るのを待っていた。五分前、三分前、一分前、鳴ったという感じ。今日はいつもと全然違って、フランツは鳴って欲しくなかった。いつもは時計とにらめっこだった。今日は、時計なんかあるかどうか分からないくらい集中していた。「えっ、もう」という感じ。これを言いたい「とつ然」。

松　いつもなら早く鳴れ、早く帰りたいから。今日は特別。特別というのは先生がいなくなる日でしょう。早く鳴っちゃあ嫌だ。先生とこんなに早く別れるのか、という気持ち。

T 「アメル先生は真っ青になって教だんにお立ちになりました。先生がこれほど大きく見えたことはありませんでした。」（教師、二度読む）この「真っ青」っていうのはプロシア兵が怖いっていう意味かな？

子ども （口々に）違う。

鈴 怖いんじゃなくて、四十年いたんでしょう。この学校に。それが一日で移っちゃうというか、何年もいたのに、一瞬にして別れてしまう。それが怖いというかかなしいというか。

牧 今まで四十年いたのに、ほんの一瞬にしてどこかへ行かなくてはならない。今までいたことを一瞬にして壊されるのが辛い、かなしいという真っ青。

徳 今まで授業中に、まだフランスにいたいという気持ちがあったと思うの。鐘が鳴った時、その気持ちが大きくなった。いままで授業中はあきらめていたと思うの。この鐘が鳴った時、フランスにいたいという気持ちがなお激しくなった。

T でも、この時計の意味するものは分かっていたんだ。これで終わりなんだ、終わりの時が来たんだってことをアメル先生は分かっていたんだって、言わなかったっけ。

徳 なおさらいたいんだっていう気持ちになった。まだいたいんだっていう気持ちになって……。自分の言葉で言えなくて「フランスばんざい」と黒板に書いたでしょう。「何も言わずに手で合図なさいました」と、もし、口で言ったらきっと、まだいたいという気持ちがなお一層大きくなっちゃう。だから、こらえている。

T 合図の鐘を聞いた時、「まだいたいんだ」という気持ちが膨らんだということね。

徳　本当だったら「待ってくれ」と言いたいんだけど、合図の鐘が鳴った時、教会の時計や鐘の音を聞いた時、気持ちが乱れたというか……。

小　アメル先生はこの四十年間この教室で色々な人にフランス語を教えていたんでしょう。プロシア兵のラッパで、これで終わりだということが分かっていた。だから、もっと教えたい気持ちが出てきた。言葉ではとても言えないほど苦しい……。

浜　フランス語を教えたいだけじゃなく、この土地にいたい。「私は、私は……」この土地にいたいんだと、それを言い切れなくて……。

T　先生がこれほど大きく見えたことはありませんとある。人が大きく見える時とは、どんな時なんだろう？

高　今まで四十年間色々なことをやってきて、四十年って言ったら相当なものでしょう。だから偉大に見えた。

木　四十年間やってきて、やっとフランツ達にはアメル先生が大きく見えた。大きく見えるということは、何かすごいことをしたとか、やって来た。尊敬ということがあって大きく見えた。

T　でもそんなことは分かり切っていたことじゃないの？

西　授業の態度が真剣で集中していたから、フランツは以前までなかった中の気持ち、そういうものに関わりがある。

小　今まで先生は四十年間教えていた。それなのに今日、最後という時に大きく見えたというのは、立派で逞しく堂々としていたと思うの。先生は最後なのに、どうして堂々とできるのだろうかって思って……。

大　最後、フランツだったらメソメソしてしまう。先生はフランス語を教えられなくなるのに堂々としている。最後の最後まで勉強を教えている。

新　尊敬もあるけど、アメル先生は自分の仕事をやり遂げた。まだ悔いはあるが、フランツには堂々として見えた。やっぱりアメル先生だという気持ちがある。

T　今までのフランツなら大きく見えたことなどあるのかな？

子ども　ない。

T　この時だけ見えたの？

西　だんだん見えてきた。その日の朝っていうか……どんどん授業をやっているうちに。

T　どんどん大きくなったと思う。ぱっと大きくなったと思う。二つに絞って考えて。

◆

【振り返り　三回目】

藤岡　ここで先生、繰り返しているでしょう。「かなしい」って。この「かなしい」って語り方は何なんですか？

阿部　「かなしい」という言葉でくくらせたくない。その言葉の中身を見たかったんですね。

藤岡　でこう、先生が言う時には、ただ一人に言っているんじゃあなくて、そういうことによって相手には「やっぱり抽象的だな」っていうか「中身をもっと具体的にしなきぁ」って思いを込めて言っているんですか？

阿部　本人も上手く表現できないし、難しいことだとは思うんですが、一般的な言葉でくくってしまうことは極力避けてきたし、その意味で子どもたちにもこちらの意図は伝わっていると思います。

藤岡　反語なんだね。それで良いのかという。

阿部　(牧の次の徳の発言)これを聞いている時は、先生はどう思っていたんですか？　その時そのことはもう解決したじゃあないか、って思っていたんですか？

藤岡　徳の発言の中は、アメル先生の心の乱れの引き金が教会の鐘であり、今までそれの意味するものは分かっていたんだが、自分の心の乱れを押さえることができなかったことを強調している。私の解釈でははっきりそこまで突き詰められなかった。時間が来ることは分かっていたはずなんだから気持ちは整理されている。ただそれが、複雑な心境に追い込まれていった、というくらいだったが、徳はもっとはっきりした言葉に出した。だから他の子達のイメージも今までより深くなっていった。

藤岡　ドラマチックだね。

阿部　今こうして研究しているから、子どもの意見がよく聞き取れ、聞き分けられるんです。それがとても勉強になります。授業の中でこそこのように判断できたり、位置づけられたり、提示できなければならないのですが……。
教師自身が教材の解釈をする時、曖昧なものを突き詰めていくこと、それが正しいとか間違っているとかでなく「教師自身が自分の言葉ではっきりさせておく」ことの大切さを子どもたちから学びました。私自身が「複雑な心境に追い込まれていった」などと抽象的な言葉でまとめてしまわないことです。

子どもたちも大人も思考が深まれば深まるほど言葉を探したり、時には言い詰まったりしてしまうことがある。また、言っているうちに更には他の子の意見を聞いているうちに、自分の考えがまとまって、はっきりしたものになることもある。話し合い学習の中で、特に文学の授業などで、子どもが理路整然と意見を述べている光景を見ることがあるけれど、どこか違う、一般的な意見だなと感じています。その子の思考が安易なところで行われているように感じるのです。

藤岡　発問をするチャンスというか、その場との繫がりっていうか、それはどう判断しているんですか?

阿部　ここまできて一つは小と浜って子が（私自身の中で）子どもが自分自身の言葉で表現したという、つまり、「言い切れない、言い表せない、言葉で表せないほど苦しい」という発言は、その時の状況を徳の発言と絡み合わせて、深く読み取れたと判断しているんです。それから時間のこともありますし、これ以上やるより次の「大きく見える」の方へ入らなければとの思いもありました。

ただ、「子どもの発言から授業を発展させられないか」というのはこれからも大きな課題なんです。だから木の意見に「そんなこと分かり切っていたこと」と反論しているのは、一般的な読みを超えさせなければって思っているし、それが、**西**の「フランツは以前まではなかった、中の気持ち、そういうものに関係がある」に繋がったのでしょう。それを受けて**木**の言っていることが前のこととは違っている。

藤岡　そこに竿をさすような事はやらないんですか。さっきの意見と同じかなとか。

阿部　やる時もありますが、ここでは、読み取りの変化がはっきり感じられたからやってないです。

【私の課題として残ったこと】

鈴・牧の意見と**徳**の意見を板書すれば、アメル先生の苦悩がより深く読み取れただろう。

板書　真っ青になった。

ア、四十年、一瞬の別れ、壊される。こわい、かなしい、つらい。

イ、まだフランスにいたい。あきらめていた気持ちが激しく揺らいだ。

アの意見はある意味で一般的である。またイの意見は、理性では分かっていても、いざ実際の時が来たことで、感情の高ぶりが一人の人間の内面を激しく揺さぶることがあり、今のアメル先生がまさしくそれであると読み取ることができる。これらを比較してアメル先生の心情をより深く考えさせることが授業者の専門的な仕事になるのだと思う。

野　ぱっと大きくなったと思う。気持ちの変わり方はゆっくりでいいんだけど、それが全部まとまった時、大きく見えた。

中　だんだんだと思う。だって最初は色々なことを思っていたんでしょう。アメル先生が行かなければいいのにとか。そうやっているうちに時間が長引いてきて、遅くなったり早くなったりしてきて、大きくなったと思う。

口　ぱっとアメル先生が大きく見えたと思う。フランツとかは勉強のことが段々大きく見えて、アメル先生が大きく見える前は。鐘が鳴った時にアメル先生が大きくなった。

大　私は中の意見とちょっと違って……最初の方でアメル先生は優しくフランツに席に着きなさいと言って怒らなかった。珍しいなあと思って……。

T　ちょっと待って。大は段々大きくなってきたと考える訳ね。段々大きく、途中からアメル先生の姿が大きくなって映ってきたと思う人（挙手）、十人くらい。フランツの気持ちが大きくなって、それが完了した時に、一瞬にぱっと大きく映ったと思う人（挙手）、三十人くらい。アメル先生の姿が段々大きく写ってきたと思う人に聞くんだけれど、「運命の時を迎えた」というのをどう考える。その時が段々やってくるからアメル先生のことが大きく見えたと言うことなのかな？

山　フランツの心の広がりと共に大きく見えたのかなあと思った。

新　反対なんだけど、先生がこれほど大きく見えたことはありませんって書いてあるでしょう。これ程とは、「え……」って言うか、自分でも驚いちゃうと言うことでしょう。じわじわ大きくなったんなら、もう少しで鳴るなと予測がついている。それなら「これほど大きく見えたことはありませんでした」とは使わない。ぱっと変わっちゃった。だから「これほど」と使っている。

三　それに、今まで授業にすごく熱中していてアメル先生を見ていたんだけれど、そんなに大きくはなく、突然ぱっとよみがえった。真剣な授業から。「これほど」って言うのは、今までになくて急にワァーッと出てくるというか……。

T　「これほど」って言葉は、今までにないくらい目一杯のものが一瞬にして広がったっていう意味かな。

大　私は授業をしながら、段々に自分の気持ちが大きくなっていったと思うの。いきなり広がって瞬間的に大きくなったんじゃあなくて、授業をしながらひるがえる小旗のように見えたとか、自分でもフランス語の分詞を暗唱しようとするとか、どんなことでもしたでしょうとか。そういうことも少しずつ大きくなってきた証拠だと思うの。授業しながら大きくなってきたと思う。

野　新さんみたいに「これほど」というのは、本当にびっくりするというか、びっくりの上というか、そんな感じ。段々気持ちが大きくなったというなら「これほど」とは書かないと思う。ぱっと思ったから「これほど」と使った。

村　野の意見に賛成なんだけど、気持ちはどんどん変わっていった。アメル先生の偉大さ、素晴らしさが分かってぱっと大きく見えた。

T　先生もここは「最後の時」を迎えた、この「最後の時を迎えたんだ」、これがなければ段々広がっていくって言ったって、どこまで広がっていくのか分からなくなってしまう。教科書に書いてあるように、最後のこの瞬間、何か大きなことがないとこういうことはないんじゃないかと思う。

徳　私はここを問題（一人勉強で自分が課題にし、みんなで話し合いたい所）にした。二つの意見を書いたの。一つは尊敬。もう一つは真っ青になった先生は、自分の言いたいことを全部言いたかった。最後の時、自分の言いたいことが爆発して、生徒達に、自分の言いたいことを分かって欲しかった。伝えるために立ち上がって言いたかったと思うの。でも、言えなかったでしょう。胸が詰まって。教壇に立ったのはみんなに伝えたいもの「君たちはこれからこうしなければいけない」とか「私は、まだ、ここにいたいんだ」とか。そういうようなことを言いたかったと思うの。そのためにわざわざ教壇に立って爆発させたと思うの。

T　志、何か意見はないか？

志　……（無言）……私はね、アメル先生が大きな木だとしたら、大きな草原に立っていたとするのね。フランツはずっと遠くにいて、どんどん歩いて来てね、下を向きながら歩いて来たと思う。パッと顔を上げたら、本当はそこに木があるのは知っていたんだけど、ずっと下を向きながらその木の方に歩いて来て、パッと見上げたら、ものすごい木だったというような……。

T　フランツの気持ちが変わってきて、「最後の運命の時」を迎えた時に、はっと思った時に、アメル先生の姿がものすごく大きく見えたという意味？

志　はい。

◆

【振り返り　四回目】

藤岡　ここら辺、どうですか二つに絞って。

阿部　解釈の問題なんですが、「これほど大きく見えたことは」ってところで、クローズアップという認識が強くあったんですね。要するに小さい画面が瞬間的に大きく浮かび上がるということ。それが本当の意味でのアメル先生が大きく見えたって意味だと私は解釈したんですね。確かに段々変わってくるというのも一つだし、急にどんどん変わっていったってのも一つ。考えさせるには二つにまとめた方が早いと思ったんですね。私はクローズアップを瞬間と考えていたんですね。それが強かったから急に大きくなったということを読み取らせたかった。しかし、志の説明を聞いて、イメージとして納得したんです。

藤岡　先生の解釈にこだわっていますよね。

阿部　ここをやっている時、ごたごたしているなという感じは持っていたんです。

藤岡　「突然っていうのは全然意識していなかったんでしょ」と言ったんですが、あの子（徳）は意識していても突然というのはあるんだって……知っていることが現実になる。

阿部　徳は「意識していたにも関わらず心が乱れた」ってことを言ったんですね。

藤岡　僕は志って子の発言は、むしろ徳に近いイメージだと思って聞いていたのね。下を向いて歩いて、あることは知っていたのだけれど、下を向いて歩いて来たと言うね。そして、その「ある」と思って見上げた時に、自分も意識していなかったものがあった、ということを自覚した。だから、フランツ自身が色々な気持ちの変化を重ねて自分が大きくなって、この授業の持つ意味、理性的じゃないけど、一杯になっていった。そして、先生がまた必死に耐えている姿と合わさって、そこで大きくなったことが伝わってくるという感じなんですね。

阿部　徳はアメル先生の心の動きを中心に考えて、志はフランツの心を想像した。この二つをはっきりと全員に知らせることは大事だったと思います。

藤岡　僕の解釈はどちらかというと段々にだね。その自覚なんですよ。「とつ然」ってのは。「これほど」ってのは自覚なんですよ。その瞬間中身はもう整っている。徳が言っているニュアンスも同じ。この場面ではないけれどね。アメル先生にとってそのことの持つ意味で体中一杯だった。だからまあ、変な話なんだけど、彼女から「もう、別れましょう」と言われることは知っていて、一緒に歩いて行く。そして、「もうだめです。別れましょう」って言われるような、そういうのってあるでしょう。もう、体中一杯になっている。それで初めて「とつ然」になったんじゃない。

阿部　私のは「最後の瞬間」を迎えることを自覚して、フランツが初めて色々なことを「ああ、こんなふうだったのか……」って、スーッと分かっていった。だから「これほど」ってのは、フランツ自身の変容に基づいた驚きなんだと思ったんです。今まで経験したことのないことを味わったという解釈なんですね。

藤岡　こうなると、ほとんど美意識とか心理体験に基づくんだと思うんだけど。
阿部　ええ、これは解釈の違いなんですね。
藤岡　そうです。だから、決着つかないことだから子どもに迫ってはいけないんだと思ったんですね、どっちかの方向に。むしろ、その解釈を出させることが振幅を大きくする。解決がつかない時は、中身を精一杯出させることによって振幅を大きくすることが、どちらの解釈も深めることになるんじゃないですか。
阿部　そうですね。

【私の課題として残ったこと】

私の解釈にこだわっている嫌いがある。授業は教師の解釈を押しつけることではない。子どもの中から考える力を引き出すきっかけや考え込む（教師の）発問を工夫することが大切。それを痛感する。そして、子どもの発言の的確な聴き分け。フランツの心の深まりとアメル先生の心の高ぶりの両方が話し合いに出されてきた。これを別々に話し合うように整理すればよかった。

T　「みなさん、わたしは、わたしは、……（中略）……チョークを取って力いっぱいに、できるだけ大きな字で書かれました」（教師の読み）。力一杯とは、こういう力？（黒板に向かって力を入れて書く）腕に力を一杯入れて書いたという意味かな？
子ども　違う。

樋　何か、体中の力をふりしぼって書いた。我慢して書いた。気持ちの中の力っていうか、そういうもの。
松　体全体の、気持ちとか、心とか、そういうものを全部出して書いた。
牧　腕の力ではなく、思い切って描《えが》く……腕の力を入れることではなく。
T　腕の力を言っているのではないってことは分かったね。ところで「最後の時」なのに、なぜ「ばんざい」と言ったのだろう。嬉しい時なら分かるよね。「やった、優勝だ。万歳」とかさ。
大　フランス語を最も親しんでいたアメル先生が、フランス語を尊敬していたというか。「フランスばんざい」とは、フランス語とフランス、アルザス地方も入って全部で「フランスばんざい」と力を込めて……。心がこもっている意味だと思う。
沢　「フランスばんざい」って、何か、フランス語はいつまでも消えないんだ。そういう先生の気持ちを全部まとめたっていうか……。
徳　アルザス地方ではフランス語は禁止だっておふれが出たでしょう。アルザス地方は、フランスではなくなったんでしょう。アメル先生は反対していると思うの、それを。ドイツにとられちゃ嫌だっていう気持ちがあったと思うの。そのために、フランツとか生徒達にフランス語を最後の最後まで教えて、それで、これからその生徒達だけでも、アルザスの子どもたちだけでもがフランス語を読み書きできるんだという自信があって……。フランスを守っていきたい。アルザスはフランスの国なんだという訴え。アメル先生は、先生というような力しか持っていない。だから、政治に関わることはできないでしょう。こういうような教育に対

T　してての反抗というか、絶対反対というか、自分だけで反抗しているような感じだと思うの。分かった今の。まず、フランスは永遠に不滅なんだ。ここに住んでいる人はみんな最後までフランス語を守っていって欲しい。それから、アメル先生は学校の先生だから政治のことなんて何にも言えないんだけど、プロシアに反対しているような、反抗しているようなものがあるのではないか。それがこの「フランスばんざい」の中に含まれているんじゃあないか。と、こう言ったの。どう？

子ども　（うなずく）

T　じゃあ、今のことを考えながら、読んで終わろう。

井　朗読。

◆

【振り返り　五回目】

阿部　ここは、正直言って驚きました。この内容が出てくるとは、私はこういうことは読み取れないんじゃあないかと思っていたんです。政治と教育の関わりまで追求すべきなのか疑問でした。だからそのような発問は用意していなかったんですね。

藤岡　僕もびっくりしました。

阿部　それを目標に置くんでしたら、なんですかね……あれは発問では出てこなかったんじゃあないかって気がするんです。

藤岡　授業でねらうことでもないでしょう。

阿部　政治と教育の関わり方で、アメル先生の怒りみたいなものをあの子は読み取っていったんだろうと思うんですね。そして、それは、授業中の色々なやり取りの中からはっきりと分かっていった。一人勉強の時は勿論あんな内容は出ていませんでした。今までの内容がより明確になって、一段階、二段階上がってきて、あの発言が出てきたんだと思うんです。

藤岡　それは、発問でねらう・教師の力量でねらうことではなく、授業の力で引き出されていくものではないですか。それだけの力を持ってたんだと思います。この授業が。

阿部　ただ、徳が一番明確に読み取れて、他の子がそうでなかったとしたら、授業に問題があるんだと思うんです。みんなに広がっていかなければならない。この子はこういうふうに読み取ったんだ。みんなが「あっ、こういう見方もある。そこまで考えられたのか」ってみたいに。

藤岡　それで良いと思いますよ。あそこに焦点を合わせると、よくある授業なんですが、朝鮮の話をして「日本の占領によって言葉を失ったんだよ。その人達がどれくらい辛い思いをしたか」等。あそこにターゲットを置くと文学の教材ではなくなってしまう。

阿部　勿論それはしたくなかったんですがね。でも何回やってみても、教師の解釈を明確にするということと、授業ではそれをいかに忘れるかということの整合性、これは大変な演出です。あるんだけれど出さない。出さないんだけれど、時としては反撃する。臨機応変の判断と言いますか、非常に難しいですね。しかし、それ（解釈）が豊かであれば子ども達の言っていることを適切に取り上げ、位置づけ、図で示しながら比較させるなりして考えやすくさせることができる。また、子どもの発言を単純化して提示もできる。

技術の問題でもあるし教師としての人間の問題でもあると思います。何より、今回このように授業を振り返ることで、教師のその時々の戸惑いや判断、選択と決定が複合的に行われていることを認識できました。また子どもの素晴らしさについても再確認できました。このようなことを積み重ねて力を付けていくことは、専門家として欠かせない学びなのだとも感じました。

最終的な板書は次のようでした。

とつ然
・教会の時計
・アンジェリュスのかね……鳴りました。
・プロシア兵のラッパ……鳴りひびきました。
・もうやめろ
・鳴ってほしくない

運命の時
・アルザスの不幸を呼ぶ

フランツ……尊敬
アメル先生……最後なのに堂々としている
「フランスばんざい」

以上が教職八年目の授業です。教材解釈、発問の具体性、子どもたちの意見の整理など幾つもの課題を感じていました。今振り返ると赤面するばかりです。しかし、教育活動の大半を占める授業に全力を注いでいたことは事実です。子どもたちは一行を読んだら交替とか、五～六人の子が発言し、教師が説明して終わりなどということは授業だとは思っていませんでしたし、今もそう思っています。恥じらいもなく紹介したのは、授業は難しいのだということを知ってもらうためです。でも、その難しさに挑むからやりがいがあるし、子どもが変わるからやらざるを得ないのです。たかが授業、されど授業です。私は授業の専門家になりたいという思いで一杯でした。

藤岡完治先生には、その後、滝の沢小学校に赴任してからもお付き合いをしていただきました。一九九二年の研究授業「イナゴ」と「二人の山師」の折りにも参観に来ていただきました。それをベースに書いた論文が読売教育賞の国語教育で最優秀賞を受賞した「内なる世界の開拓・他者との交流」です。

受賞した時、私はその喜びを町田の先生のご自宅に電話でお伝えしました。先生は「私の名前をどんなふうに使っても構いません。本を書くなら出版社を紹介しますよ」と言って喜んでくださったことを今でも鮮明に覚えています。

羽鳥小学校にいる時、親しい仲間六人で研究会（後に「響き合いの会」と名前を付けました）を作り、主に図書館に部屋を借り月に一度は集まって学び合いました。

藤岡先生はその後、横浜国大の教授になられ、暫くして京都大学に着任されましたがご病気で他界されました。飾り気のない人柄もそうですが、本当に大切な方が早世されました。謹んでご冥福をお祈りいたします。

私が二〇〇六年十一月二十七日に藤沢市小学校教育研究会の国語部で授業を公開したのは「阿部先生の授業をみんなに見せたらどうですか」という元気な時の藤岡先生の言葉が心にあったからです。他の教員からも「阿部先生に授業を見せてもらえば」と言っていた、という話は何度か聞いていました。先生の訃報を耳にした時、どこかで授業を公開しようと思ったのです。

私はこの頃も、そして、今もよく読む本に「詩の授業」（武田常夫著　明治図書）があります。その中の「子どもから学ぶ」の文章が好きで何度も元気づけられました。

「教えるということを、教師という権威ある先進が、子どもというすべてにわたって未熟な精神に対して行う知識や技能の一方的な伝授、授与の形式だととらえるかぎり、あるいは、教師にとって子どもとは、教える対象ではあっても、学ぶ対象ではあり得ないと考えるかぎり、教師はその創造に骨身をけずり、時には、おのれの人間存在の根源までも問いつめるほどの激烈な苦痛を味わう必要もないであろう。」

まだ先は続くのですが、今読んでも驚くほど新鮮で、教職にあるものが心に刻む大切な理念が語られていると思います。そして、その理念は授業実践という事実に裏打ちされて、時代を超えた実践者の言葉として自分の在り方に問いかけてきます。己の存在をかけてひたむきに授業実践に取り組んだ事実から生み出された言葉だけに説得力があり、朽ちることはないのでしょう。

私も優れた先達の授業を目標に、同じような姿勢で日常の授業に取り組みたいと思い続けてきました。

第五章　群読へ、そして、群読から

―読売教育賞からの発展―　（滝の沢小学校）

物語の絵「花と手品師」6年生

滝の沢小学校では音読、朗読、群読に教育的な意味を感じ取り組んでいました。

新学期

「自己紹介のつもりで、先生にこんなことをして欲しいとか、五年生としての自分の目標を書いてもらいたい」と話し原稿用紙を配った後で、私は子どもの文に驚かされました。「宿題は出さないで欲しい」「休み時間を長くして欲しい」「一週間に一回はお楽しみ会をやる」「体育を多くして欲しい」「勉強は長くやらないこと」、中には「テストができたら一、二年の時のようにお菓子が欲しい」とまで書いてあったのです。子どもたちの本音なのか、気軽にふざけ半分で書いたのか、いずれにしてもあまりにも寂しい出発でした。

一週間もしないうちに他の学年の子達が放送室で遊ぶようになりました。二回三回と重なるので、放送室には色々な機材があることを指摘し、他で遊ぶように言った時のことです。「何でおれだけ言うんだよ。○○も○○もやっているのに」と私をにらむのです。

今私の目の前にいる子は、自分のやりたいようにやることが楽しいことであり、注意されればその内容でなく、自分が注意されることへの不満を口にするのです。

更には物事に真剣に取り組むことがからかわれる風潮さえあります。始業式から暫くして合唱や音読の声が他へ響くと「何であんなに声出してんの」「恥ずかしくないの」と言われたとクラスの子が話してきました。高学年になるとどこか冷ややかで、一生懸命物事に取り組むことをからかいの対象にする傾向は今も変わりません。

しかし、その言葉は、新しい自分を開拓できない子どもたちの、悲痛な叫びなのだと私には感じてならないのです。自己を実現できない、日々の自分に満足できないことへの反発だと思えてならないのです。しかし、それは、子どもの問題というよりは、教育現場の教師の生き方、子どもとの関わり方にかかった問題であると思うのですが……。

なぜ群読なのか

指導書（光村図書　六年）には群読について次のように解説されています。

「群読とは、『多人数で一つの作品を朗読する』というのが一般的な定義です。そこでまず、複数者の音読、朗読で成り立つ群読が国語科の中で持つ機能について簡単に述べてみよう」とあり「（3）表現としての群読△各人が作品から感じ取り、得たものを出し合って集団で表現することにより、独力では到達できなかった、新しい世界に触れられるという、いわゆる共鳴、感応効果が期待できる。これは、朗読や音読が非言語情報を含む言葉を駆使する活動であるため、表現と表裏の関係にある理解の学習に非常に有効な学習活動場面を提供することを物語っている」と。

木下順二氏は「群読というのは、複数の読み手による朗読のことである」（古典の訳し方）と述べています。元々、演劇の世界ではよく使われていた言葉だそうです。

群読のこのような基本観は、子どもたちの音声表現による学習意欲の拡大やコミュニケーションの形成、更には言葉に対する感性の育みなどを目指し、今まで以上に取り組む必要性を感じさせます。子どもたち一人ひとりが、自らの心の思い（イメージ）を言葉に響かせ群読することで、一人では為し得ない創造的な世界は表現されるに違いありません。友達との関わりが内発的・触発的な程その中で、新しい自分の発見と自己を取り巻く世界との素晴らしい出会いがあると考えるからです。

人と人との言葉の掛け合いや響き合いの良質な面が現出した時、言葉は更なるダイナミズムを生み出し、「生きた言葉」・「自己を高める言葉」としてその力を発揮し、「感動している自分を発見する」という新しい世界を切り開くと思うのです。

そして、詩の世界を体験する時間と空間の中で、一人ひとりは自分の発言・行為に責任を持ち、自己を拡大する他者（友達）の存在や、自己を取り巻くモノやコトの大切さを学ぶでしょう。結果として、自分の周りの人達とも誠実に向かい合う生き方に変わっていくのです。

研究テーマ

「国語科で、一人ひとりが生きるような群読の場を設定し、そこでの体験が自律と共生を思考できるような心を育てる」

（テーマの説明）

一人では表現できない集団としての群読表現で、

①群読の形態（シナリオ・動作）を創り上げることへの参画の喜び・意欲・興味を味わう。
【お互いの声（強弱・間・声量等）や動作・表情で自分たちの世界を想像する連帯感を味わう】
②声を出すこと自体の爽快感・力感、そして、喜びを体感する。
③お互いの表現を見て、共感したり感動したり、時には批評をしたりして、他者への関心を持つ。
これらを体験する授業の中で、互いに知恵を働かせながら、積極的に他者に関わり共に伸びようとする意志を育てたい。

しかし、一方では集団の中に個人が埋没することに注意しなければなりません。また、群読が、単に役割で読むようなこと、またその繰り返しの練習に終わったなら群読の持つ意味合いは薄れ、つまらない練習、その繰り返しが時には苦痛にさえなるでしょう。
④群読の基本は一人ひとりの「朗読」にある。「各人が作品から感じ取り、得たものを出し合って」話し合い、群読を創り上げることに教育的な価値があることを忘れてはならないと思います。
このようなことを基本に考えながら、五年生の四月・五月では「われは草なり」や「手をください」に取り組みました。

授業公開

九三年に読売教育賞を受賞したことから授業公開の依頼がありました。依頼先は神奈川県立教育センターです。参観者は国語教育研修講座の受講者三十余名と教育センターの関係者三名です。

私は二時間の計画で草野心平氏の「河童と蛙」の授業を公開しました。

一九九四年六月二十三日
①二校時「河童と蛙」を話し合いで基礎的なイメージを描く。
②三校時「河童と蛙」を群読で表現する。

河童と蛙

草野心平

るんるん　るるんぶ
るるんぶ　るるん
つんつん　つるんぶ
つるんぶ　つるん

河童の皿を月すべり。
じゃぶじゃぶ水をじゃぶつかせ。
かおだけ出して。
おどってる。

　るんるん　るるんぶ
　るるんぶ　るるん
　つんつん　つるんぶ
　つるんぶ　つるん

大河童沼のぐるりの山は。
ぐるりの山は息をのみ。
あしだの手だのふりまわし。
月もじゃぼじゃぼわいている。

　るんるん　るるんぶ
　るるんぶ　るるん
　つんつん　つるんぶ

つるんぶ　つるん

立った。立った。水の上。
河童がいきなりぶるるっとたち。
天のあたりをねめまわし。
それから。そのまま。

るんるん　るるんぶ
るるんぶ　るるん
つんつん　つるんぶ
つるんぶ　つるん

もうその唄もきこえない。
沼の底からあわがいくつかあがってきた。
うさぎときねの休火山などもはっきり映し。
月だけひとり。
動かない。

ぐぶうとひと声。
蛙がないた。
（『草野心平全集』第二巻、筑摩書房）

作者草野心平さんは「蛙の詩人」として有名です。氏の詩には擬声語が多用され、対句・押韻などの技法も情景を生き生きと描写するのに効果を発し、それは作風としての原始的な生命観を感じさせます。

今回の授業での詩「河童と蛙」もまた、一種独特な「原始的生命観」とも「奇妙な情景」ともとれる内容を持っています。しかし、それは、作者の独自的・創造的な世界には入り込めないということではないと思います。むしろ逆で、音読・朗読した後で何とも言えない充足感すら味わえると思います。それは、この詩が七五調になっていて、軽快なリズム感を覚えさせることに関係しているのだと思うのです。

私は授業参観者用に教材解釈として「教材研究メモ」を配りました。

「河童と蛙」について

①この詩は九連からなる詩である。
②擬声語（擬音語）や擬態語が多用され、その時々の様子がリアルに描かれている。それは、詩

を味わう時のイメージの広がりを呼び起こし、朗読する時の声の強弱・抑揚などのポイントにもなる。
③特にひらがな表記の一、三、五、七連は（ひらがなの）柔らかさと、押韻（頭韻・脚韻）による軽快なリズム感、更には場面転換の鮮明さという意味で、詩全体を朗読する時の大切なポイントになる。
④二・四・六・八・九連には、一行ずつ句点がついている。草野心平氏の作品にはこの表現が多く、そのつど、場面・情景が鮮明で、めりはりのある印象を強くさせる。
⑤擬人法を使うことで一つひとつの事象がより鮮明に描かれ、更には生命の躍動を感じさせるはたらきにもなっている。
・この詩の修辞的な面は以上のように述べられると思うが、この詩の持つ方向性・独自性は群読表現により適しているように思う。場面の様子を話し合い、イメージの広がりと深さを群読で表現できるような授業にしたい。

るんるん　るるんぶ
つるんぶ　るるん
つんつん　つるんぶ
つるんぶ　つるん
頭韻……語句や行の初めの音をそろえる。
脚韻……語句や行の終わりの音をそろえる。
このように、類擬音を並べることで、詩にリズムが生まれる。
・第九連に「もうその唄も聞こえない。」と書かれている。「歌」ではない。「謡物（うたいもの）」である。言葉に節を付けて歌うものの総称である。三味線を用いての邦楽をさす。楽しく心が躍るようなリズムとしても表現できるし、水が体をはじけて落ちたり、水とじゃれ合ったりするイメージも感じる。朗読・群読では、声の大小・抑揚・間など工夫できるところである。

・第二連の「じゃぶじゃぶ」、第三連の「じゃぼじゃぼ」の比較からは、河童の動きが次第に大きくなり、水面の変化、河童の表情なども自由に連想させたい。

・また「ぐるりの山は息をのみ。」と書かれている。

息をのむ……緊張や驚きで息を止める。（他からの働きかけで）

息を凝らす……息を詰めてじっとしている。呼吸を押さえてじっとしている。

（自らの意志で）

・大河童沼の静寂を「息をのむ」という言葉から考えると、回りの木も草も、全ての生き物がひっそりと静まりかえっているのだろう。河童の出現にこれから何が始まるのかと圧倒されている。

・第六連に「天のあたりをねめまわし。」とある。空とか月とか書かないところが詩人の筆力であろう。通俗に過ぎる言葉というだけでなく、より広い空間や神秘性、更には河童の生命力に満ちあふれている姿が伝わってくる。ねめる（睨める）、この大河童沼の「主」であることを示しているのであろう。

・「もうその唄もきこえない。」の「もう」という言葉が静寂の時間の経過を感じさせる。河童の出現に驚き静まりかえった沼がその余韻を残している。満月の月だけが何事もなかったかのように冴えわたっている。その静寂を破る蛙の一鳴き。沼全体に響き渡る様子が鮮明に描ける。
・「優れた授業にはリズムがある」と斎藤喜博氏は言う。その様な授業を目指して、子どもたちがイメージ豊かに読み取ることのできる授業をしたいと願っている。

群読について

子どもたち自身が、自分たちで話し合って群読そのものを創り上げることはできないものかと私は考える。ここで言う群読とはただ群れで読むという意味ではない。自分たちで一編の詩を題材に台本を作り、声に出して音読や朗読をしてみる。更にはその発展性を考え演出もするという意味である。作られた台本があって、役割を決めひたすら練習する姿は、走らされている競走馬のようで哀しい。自分たちで創った群読なら、ただ一つのオリジナリティを持った内容で子どもたちの顔が見える。授業の成立は教育の成立でなければならないと思う。林竹二氏が言うように「学んだことの証はただ一つ。その子の中の何かが変わること」なのだと私も思う。積極的に他者と関わる行為の中に自己の成長があることを、子どもたちが感じられるような「群読」に取り組みたい。

「河童と蛙」の授業から

①話し合いで基本的なイメージをつかむ

授業は次のように展開されました。
一、詩「河童と蛙」を子どもたちに配る。
二、それぞれ音読する。
三、意味の分からない言葉を考え合う。
子どもたちから出た質問は「ねめまわし」ってどういう意味だろう。「ぐぶう」って聴いたことがない。「休火山は分かるけど、【うさぎときねの休火山】とつなげて言うと意味が分からない」であった。前後の文から判断してどんなイメージなのかを考えさせ、その意味を理解させることは比較的容易だった。指名された子が音読し、私からはこの詩の【動と静】を対照的にイメージさせようと、二点に絞って問いかけた。

T 「じゃぶじゃぶ」と「じゃぼじゃぼ」は、同じような感じを受ける?
C 「じゃぼじゃぼ」は、もがいているような感じで自分で沼の水をすくってかけているような感じがする。「じゃぶじゃぶ」は、何か小さい音のような感じ。
C 「じゃぼじゃぼ」は、思いっきり手を振り回している。かっぱだけじゃなく「月も」って書いてある。よっぽど手だの足だのを振り回し、水を叩いているような感じする。
C 「じゃぶじゃぶ」は今やっていて楽しい、何かやっている時の感じがするし、「じゃぼじゃぼ」は時間が経っているけど、気持ちが良いって感じがする。
C 「月もじゃぼじゃぼ」は、水面に月がうっていて、底の方から水が湧いている。それで水面が揺れ動いている。

C 「わいている」って、ぶくぶくって、沸騰って感じだから、月が水面にすごく大きく映っていて印象が強いと思うの。遊んでいて楽しいという感じがする。

河童は時間の経つのを忘れているのだろう。その動作は次第に大きく激しくなっている。それでも水面に映っている月は、河童の動きにかき消されないくらいはっきり輝くという強い色彩を感じさせる。そのことをイメージできたのだろうと判断し、次に移りました。

T 沼を取り囲む回りの様子を想像してください。

C 真っ暗でだれもいない。河童だけが一人で遊んでいて、他には何も音が聞こえない。

C 沼の周りに山があって、「息をのみ」ってあるから……。

T 「息をのむ」ってどういう時に使うんだろう?

C びっくりした時。河童があんまりじゃぼじゃぼやったりして、確かに回りは静かなんだけど、河童のじゃぼじゃぼの音がすごくて、迫力負けって感じで、言葉には出せないんだけど、すごいなあっと心の底から驚いている。

C びっくりした時、息をのむって感じがする。自分の思っていないことが起きたことにびっくりしているから。

C 私は逆に、すごく静かだったから息をのむ。沼全体に広がっていくって感じがする。かっぱ

C　がじゃぼじゃぼ暴れていて、なんでこの河童こんなに元気なのかなと思った。

C　怖いという意味もある。真っ暗闇の中で遊んでいる。ぐるりの山に囲まれて入るから、怖いという感じで息をのんだんだと思う。

C　私は驚きを隠しきれなかったんだと思う。今でも怖いっていうイメージじゃなく、人里離れた山に本当に静かな風景があって、そこにうるさいものが来たって感じ。

C　僕も驚きを隠せない、そんな感じで、「息をのみ」って書いてあると思う。

C　周りの山を見て楽しんでいる感じがする。

T　じゃあ、自分のイメージで読んでください。

C　るんるん／るるんぶ／るるんぶ／るるん／つんつん／つるんぶ／つるんぶ／つるん

C　それでは遊んでいる感じが出てこない。何かゆっくり歩いている感じだ。

C　私ならこんなふうに読む。

るんるんるるんぶ／るるんぶるるん／つんつんつるんぶ／つるんぶつるん

C　こんなふうにも読める。

るんるんるるんぶるるんぶるるん／つんつんつるんぶつるんぶつるん

色々な読みが出てお互いに感じたことはあったようです。さて、いよいよ群読を創り表現する時間です。教室は狭いので、図書室へ移動しました。

②群読で「河童と蛙」を表現する

一、自分たちでグループを作る。（教師は一切関わらない。グループに入れなさそうな子がいたら応援に行こうとは思っている。まず、その時々の子どもたちの事実から始まりたい。逆から言えば子どもたちの様子をしっかり見ていなくてはならない）

二、誰がどこをどのように読むのか話し合う。

三、読み合わせをする（少しずつ動き、動作を加える）。

四、話し合い更に改善する。

五、発表し友達の批評を聞く。

最初に発表したグループの台本と群読の様子

全員　河童と蛙

（二拍の間）

留　るんるん　るるんぶ

るるんぶ　るるん

絢　つんつん　つるんぶ

つるんぶ　つるん

（三拍）

龍　河童の皿を月すべり。

群読の記録【かっこ内は私の印象】

・明朗な声である。図書室に声が響き渡る。歩きながら読む。（読みにリズム感を出したり、河童の楽しんでいる様子を表そうとしている）

・一連の一・二行と、三・四行の読み手が変わる。（声の質が変わり、起伏のある読みになる）

留　じゃぶじゃぶ水をじゃぶじゃぶつかせ。
麻　かおだけ出して。
　　おどってる。　（谷・留・絢）
　　　　　　（二拍）
麻　　るんるん　るるんぶ
　　　るるんぶ　るるん
　　　つるんぶ　つるん
　　　　　　（三拍）
絢　大河童沼のぐるりの山は。
　　ぐるりの山は息をのみ。
留　あしだの手だのふりまわし。
　　月もじゃぼじゃぼわいている。
　　　　　　（二拍）（絢・麻・谷・龍）
龍　　るんるん　るるんぶ
　　　るるんぶ　るるん
留　　つんつん　つるんぶ
　　　つるんぶ　つるん
　　　　　　（谷）（三拍）

・「じゃぶじゃぶ」は三人で、出だしをずらして読んだ。（変化が出て、水面の動きが感じられる）「顔だけだして／おどってる」は間をおかず、強い調子で読み、遠くを眺める。（読む子の楽しそうな表情が、聞いてる子どもの目を引きつける）

・三連もお互いに歩きながら読む。

・オーガッパヌマとオーを強く長めに読む。（沼の大きさを表したかったのだろう）

・二度目の「ぐるりの山は」の語調を強くし、「息をのみ」は、声を落とし、しゃがむ。（場面に変化を加え、聞いているものに興味を抱かせる）

・「じゃぼじゃぼ」は四人が声を合わせる。（一人の大きな声とは違った響きがある。人数が多くなると声量が増すだけでなく重厚感や立体感も味わえる）

麻　立った。立った。水の上。
龍　河童がいきなりぶるるっとたち。
　　天のあたりをねめまわし。
　　それから。そのまま
　　　　　　　　（二拍）
麻　　るんるん　るるんぶ
　　　るるんぶ　るるん
　　　つんつん　つるんぶ
　　　つるんぶ　つるん
　　　　　　　　（三拍）
谷　もうその唄もきこえない。
麻　沼の底からあわがいくつかあがってきた。
龍　うさぎときねの休火山などもはっきり映し。
　　月だけひとり。
　　　　　　　　（三拍）
留　動かない。
絢　ぐぶうとひと声。
　　　（龍）（三拍）
谷　蛙がないた。

・体全体を使い「立った／立った」と、声にめりはりがあり、力強い響きであった。（インパクトがある）
・「ぶるる」を別の子が読んだ。（別の位置から別の子の声が聞こえてくると変化に富む。
・「それから／そのまま」と間をとり声のトーンを落としていった。
・第七連は、読みの早さを次第に遅くしていったり弱めていった。（同じ擬態語・擬声語でも声の強弱、上げ下げなどによって、全く違う情景を感じさせられるものだと感心する。
・「月だけひとり／うごかない」の間を十分とる。（回りの静寂さを表すのに的確な間合いだった。言葉が止まっても詩の流れは続いていた）

●子どもたちの感想文から授業中の子どもを学ぶ

〈群読表現をした子どもたちの感想文から〉

・「ここは、一人で河童が楽しそうに歌っているんだから、たくさんで読むより一人で読んだ方が絶対いいよ。かえってたくさんで読んじゃうと、『一人』って感じがしないし」と私が言った意見に、みんなが賛成した。「じゃあ、このじゃぶ、じゃぶ」は水の音だし、みんなに聞こえると思うから、三人ぐらいが一緒に読んだら？　**絢**さんが言った。私は「あっ、それ良い」と思った瞬間……。「っとゆーことは。ねねね」と次から次へと話が進む。（後略）……**留**

・（前略）最初は五人ぐらいでどのくらい間を空けるのか、強弱はどうするのか、どういうふうに読むのか、題名は、動作はどうするのか、どこを誰が読むのかということを話し合った。僕もたくさん意見を出したがもみんなが協力して知恵を絞って考えると、こんなにたくさんの意見で、一人ではとても考えつかない意見がたくさん出た。（略）図書室は拍手で包まれた。たくさんで読むと、より変化と味がある読みができると思う。……**龍**

〈聞いていた子どもたちの感想文から〉

・（前略）**留**ちゃんの班に決まって始まった。すると、みんなの目が一つになる。動き・声の変化、そして目つき。ウワァー。私たちの班でできなかったことを全部していた。「すごいよね。ほら、やっぱり動きだよ」私たちの班では、小声でこの言葉が出た。……**軸**

・一番最初、みんなの前でやったところは留ちゃんの班だった。私は真剣に見た。私は、最初からすごいと思っていたけど、留ちゃんの三連目の「足だの手だのふりまわし。」というところで私は体中ぞくぞくっとした。留ちゃんは「足だの手だの。」というところで、足と手を見ながら言ったからだ。私にはそれがすごく良かった。終わったら私は思いきり拍手した。（後略）……杉

この班の群読は、いわば「役割読み」によるもので、全員が一斉に読む箇所は少なかったのです。しかし、一人ひとりの声に力強さがあり、河童の顔、その場のようすが目に浮かぶようで楽しく感じました。一人ひとりが活きるという意味でも、群読の基本は朗読にあります。その一人ひとりの明瞭な発音、味わい深い間の取り方、それらが基本にあって、音質の違い、声量の重なり、トーンの違いなどが微妙に調和し、一人では味わえない独特の世界がかもし出されます。

また、群読における動作は補助的なものだと思いますが、その様に動くことで声が引き出され、適切にその状況を表現できるという判断があるなら良いのだろうと思っています。子どもたちの感想にもあるように、動きや目線にも注意が払われ、この班の読みに堪能している様子が伝わってきます。そして、友達と一緒に考えることで、詩の表現の発展性を感じてもいるのです。

短時間での群読の創作でも、改めて子どもに内在する力（声量の力感・想像力・構想力・意欲）に心を打たれました。

二番目に発表したグループは、最初とは違った読みを考えていました。

二番目に発表したグループの台本と群読の様子

全員　河童と蛙

石　るんるん　るるんぶ
石　（同時に言う）るるんぶ　るるん
坂　るんるん　るるんぶ
坂　るるんぶ　るるん
石　つんつん　つるんぶ
石　（同時に言う）つるんぶ　つるん
坂　つんつん　つるんぶ
坂　つるんぶ　つるん

山　河童の皿を月すべり。
山　じゃぶじゃぶ水をじゃぶつかせ。
山　かおだけ出して。
山　おどってる。

群読の記録【かっこ内は私の印象】

・軽快で明瞭な声が響く。図書室の前方から「るんるんるるんぶ」と読みながらスキップし、部屋の半分くらいまで広がっていく。（空間を精一杯使って表現しようとしている。異動する位置は話し合われていたわけではないようだ。発表の場で、各自が判断して動いたのだろう）

・「じゃぶつかせ」を力強く言い放っている。「おどってる」は語調を弱めた。弱く読むことで不気味さを出したかったと話していた。

高　るんるん　るるんぶ
高　　　　　　るるんぶ　るるん
高　つんつん　つるんぶ　（同時に）
高　　　　　　つるんぶ　つるん
照　るんるん　るるんぶ　（同時に）
照　　　　　　るるんぶ　るるん
照　つんつん　つるんぶ　（同時に）
照　　　　　　つるんぶ　つるん
上　るんるん　るるんぶ　（同時に）
上　　　　　　るるんぶ　るるん
上　つんつん　つるんぶ
上　　　　　　つるんぶ　つるん

鮫　大河童沼のぐるりの山は。
鮫　ぐるりの山は息をのみ。
坂　あしだの手だのをふりまわし。
坂　月もじゃぼじゃぼわいている。

・初めに聞いた時はどんな構成なのか、どんな順番で読んでいるのか分からなかった。間断なく聞こえてくる声に、河童の楽しそうな様子を表そうと工夫したという。輪唱独特の追いかけが、言葉の重なりと響きを生みだし、不思議な空間を感じた。子どもたちの発想に、ただただ驚くばかりである。
・高、照、上と声の大きさを大、中、小と使い分け、同時に読む所をつくり、さらには追いかけるようにも読んだのだ。
・「あしだの手だのふりまわし」と体全体を使った声。目線でも、聞いているものにイメージを訴えている。「じゃぼじゃぼ」は更に強く読んだ。

石　　るんるん　るるんぶ
石　　（同時に言う）　るるんぶ　るるん
鈴　　　　　　　　　るんるん　るるんぶ
鈴　　　　　　　　　　　　　　るるんぶ　るるん
石　　つんつん　つるんぶ
石　　（同時に言う）　つるんぶ　つるん
鈴　　　　　　　　　つんつん　つるんぶ
鈴　　　　　　　　　　　　　　つるんぶ　つるん

鮫　立った。立った。水の上。
鮫　河童がいきなりぶるるっと立ち。
山　天のあたりをねめまわし。
山　それから。そのまま。

上　　るんるん　るるんぶ
上　　るるんぶ　るるん
上　　つんつん　つるんぶ

・声量・抑揚・緩急の適切さが状況を生き生きと描き出していた。

・最初の「立った」は弱く、二度目は強く読んだ。（驚きを表していたのだろう）
・「ぶるる」は良く響く声だった。（言葉の強さと響きが、最高潮に達した河童の様子を感じさせる）

・七連の「るんるんるるんぶ」は、語調を弱め、次第に消えゆくように読んでいた。（この状況が終わりに近づいていることを伝え

ちゃんは第一連を読むんだよっと、体に言い聞かせているつもりでも、なかなかうまくいかない。私は、そのことがとても気に入らなくいらいらしていた。けれど留ちゃん達の班の読み方や動作の時、私の頭の中に、とっさに浮かんできた言葉は、河童だった。自分自身が河童になりきっていると、河童の楽しい気持ちや河童の考えていることが、私には一層伝わってくるような感じがした。次は、待ちに待った私たちの班。（後略）……石

・（前略）私の班では全体の動きは決めたけど、一人ひとりの動きは決めていない。個人個人の色々な動きがあって良いと思ったからだ。その方が、群読をしている時も自然に声が引き出されて、動きと合うと思う。人に言われた動きは無理な部分もあって、何かもっと動きがぎこちなくなりそうな気がする。（略）群読をやって、友達との協力の素晴らしさを私は感じ、そのことをこれからもやっていきたいと思っている。……坂

〈聞いていた子どもたちの感想文から〉

・私は詩を読むのはとても好きだ。作文では表せない何か不思議なものがあるからだ。一つひとつの言葉に深い意味がある。特に群読はおもしろい。一人で読む時と違って、みんなのアイディア、意見をくみあわせて読むから、聞いている人も詩の世界に引き込まれる。（略）練習時間が過ぎ発表の時だ。他のグループの群読を聞いた。私の心に残ったのは育ちゃんの班。そして、美ちゃんの班だ。育ちゃんの班は、初めに一人「るんるんるんるんぶ」と言うと、次からすぐに「るんるん……」と言って、楽しそうに河童が遊んでいる様子が頭に浮かんできて、聞く

のに夢中になってしまう。それから美ちゃん達の班の群読を聞いて感動した。特にいつもと違う美ちゃんがいたのに感動した。私たちの班は発表しなかったけど、他の班の群読を聞いていただけで満足できた。（略）聞いている人が感動するってことは、みんなで意見を言い合って、考えて、考えがまとまって、一人ひとりが一生懸命読んだ結果なんだなと思う。……北

時間の都合で六つのグループのうち、四つのグループしか発表できなかったのは残念ですが、次の日には他の班にも見せてもらいました。そして、前日の発表もビデオテープで見て、その後感想文を書いたのです。

余談ですが、群読に限らず、子どもたちが学習している様子をテープに撮り、それを全員で観ることは教育的にとても効果があると思います。その時々で自分はどんなことをしていたのか、自分たちの表現は自分では見られませんから、テープを見ることで自らを確認できます。

そんな中、四番目に発表したグループが話題になりました。「美ちゃんの声がとってても大きくていい」と言うのです。今までその子の声は殆ど聞こえず、クラスの中でもどことなく静かで目立たない存在でした。しかし、この群読の時間ははっきりした声で参画しているのです。

友達との関わりによって、今までの自分の壁を自分の意志で乗り越えたのだとしたら、群読の持つ意味は大きい。その底流には、夢中になって取り組める学習があったからであり、そこでは一人ひとりの考えがぶつかっても、自分が必要とされている・自分がいるという実感が息づいているのだとも思います。

一方教師としての私は、子どもたちに感心するだけでなく、そこに内在する課題についても謙虚でなければならないのです。

「表現と表裏の関係にある理解の学習に非常に有効」（光村）との指摘を、多面的に検証しなくてはならない。特に理解の学習にどう繋がっているかをです。

今のところは、

①詩と出会う。
②言葉の意味を調べる。
③全体で内容を話し合う。
④群読のために各グループに分かれる。
⑤どのように読むかを話し合う。
⑥実際に読んでみる。
⑦動きも入れる。
⑧発表し・互いに鑑賞する。
⑨その場で意見を述べる。
⑩感想文を書く。
⑪ビデオテープでその時の様子を見合い自分たちを振り返る。

という取り組みですが、この他にどのような検証の方法があるのかをこれからも実践しながら思索し、注意深く研究していきたいと思います。

今回の授業公開でも、興味・関心・意欲を持って「群読」を作ることに集中する子どもたちを見ることができました。その表情や取り組みの早さにも驚きましたが、色々なシナリオを作り工夫された音声表現にはただただ感動しました。

生きて働きかける言葉・その響き・味わいを感じさせたい。そして、友達と意見を交換することで考えを練り上げ、群読を創り上げる共通の目標に喜びを感じさせたい。そのプロセスで友達のアイディアや存在、そして、自分が拡大されるという実感も味わってもらいたい。それを生命に刻印してもらいたいと私は願うのです。

【後日、この授業を参観した研修員の方々の感想が、藤沢市善行にある県立教育センターから送られてきました。いくつかを紹介します】

六月二十三日　所外研修　午前

・認められることが子どもをどんなに育てていくものか、また、教師の教材解釈の深さも感じました。形を整えることでなく、子どもを内側から変えていく阿部先生の考えと人間性に共感しました。

・単に国語というだけでなく、学級経営的な面でも大変感心しました。威圧的に管理するのではなく、子どもの心を大切にする先生のお考えによって、一人ひとりの児童が自分の考えをどんどん言える授業が成立しているのだと思いました。

・決して自分が前に出ず、子どもたちを支援しながら授業を進めていく姿は、素晴らしいと思いました。つい自分が引っぱっている私なので反省させられます。また、子どもたちに発表という抵抗感もなく、殆どの子が自分を表現していました。説明文や物語文の授業も見せていただきたいと思いました。

・素晴らしい授業にただただ脱帽。昨年度自分の持っていた六年生と比較すると、基本的指導がいかに大切か、二年間で創り上げるクラスの力の差というものを見せつけられた思い。「研究会用」の飾った授業でなく、児童についている個々の力に脱帽。

・指導者の教材研究の深さ、語感の鋭さが印象的でした。子どもたちは自信を持って授業に臨み、教室に緊張感と明るさがありました。指導者の着実な積み上げが子どもたち一人ひとりを育てると再認識しました。

等々、まだたくさんあります。私の授業が参観者の心に残ったことを言いたいのではなく、教師という指導者の成長が、子どもにとっては何よりも大切なのだということを感じてもらえれば幸いです。教師になったら、より一層学ぶ必要があるのです。子どもたちのために。

授業を公開した六年生も三月を迎えました。教科書には「卒業する君たちに」（光村下）と言う単元が用意されています。そこには「生きる」「ゆずり葉」「えぞまつ」という三編の詩が載せられています。

私は次のように計画し取り組みました。（五時間扱い……三月二日に三時間、三日に二時間）

①一人ひとりが三編の詩から、最も表現したい詩を一編選ぶ。
②一人で朗読したい。二人（掛け合い）で表現したい。グループで群読したいなど、各自判断する。グループは自分たちで決める。
③それぞれの判断の下、個人だったりグループだったりで言葉の意味を調べ、イメージを豊かにするために考え話し合いをする。グループなら読みの場所も決める。（以上①②③で一時間）
④朗読・群読の練習をする。（一時間）
⑤発表する。（聞いた人の感想発表も適宜行う）（一時間）
⑥今回の取り組みや、群読で何を学んだかについて作文を書く。（二時間）

②の結果、一人で朗読したいは二人、二人で読みたいは三組、複数での群読希望は五グループになりました。

凛とした声が教室に響き、一人の女の子の朗読で発表が始まりました。二番目、三番目と子どもたちの音声表現は続き、それを見ている友達の目は全てを見落とすまいとして輝いています。また、六月より数段の成長を遂げていることが感想文からも分かります。

（略）私たちは三人は、ただ文が書いてあるこの教科書に命を吹き込もうと必死になってアイディアを絞り出した。みんなの考えを集めて、最も良い考えに変えていく。みんなやけに熱くなっているのが分かる。その姿を見て「がんばらなきゃ」という気持ちがふくらんでくるのが私には分かる。気持ちが一点に集中しているのだ。色々な思いと意見がぶつかり合って、その中で素晴らしいものが生まれてくる。こんなに熱くなれた勉強がかつてあっただろうか。勉強試合もすごかったけど、自分の気持ちを声で、動作で、そして、心で表すまではできなかったと思う。群読だとそれらが全て入ってくる。それに加えてみんなの心を通わせることもできる。群読は最高だ。（後略）……久

（略）群読が始まると、留ちゃんが大きく三人の回りを歩き、三人をえぞまつに見立てて、見上げるように上を見た。その後、池、照、育と、交互に動きながら群読を進めていった。手の指先にまで力がこもっていて、いかにも「えぞまつ」の力強さを私たちに教えているようだった。群読をしている時は気づかなかったけれど、他の群読を見ると、その素晴らしさがどれほどのものか分かる。反対に自分たちの群読を他の班の人達が観ることで、その素晴らしさを分かってもらえるんだと考えた。「素晴らしさが分かる」ということは、人の心に「素晴らしさを感じるところがある」ということで、すなわち、「優しさがある」ということにもイコールするのではないだろうか。（後略）……絢

子どもたちの感想文の一部ですが、朗読・群読という表現活動を通して子どもたちは自己を見る目を豊かにし「わたし（自分）」という存在を友達との関係性の中に発見しているのです。そして、「わたし」は「友達」を必要とし、「友達」は「わたし」がいるから高まりあえる。互いに響き合って内面が一層豊かになっていると感じているのです。

多くの友達の中にいて「認められ必要とされている自分がいる」という充足感は、必然的に何事に対しても積極的になります。このようなクラスを教科の学習を通してつくっていくのが教師の専門的な力なのだと、私は思っています。

Uさんとの出会い――子どもを見つめて

Uさんとの出会いは五年生の終業式の三日前。終業式の三日前に子どもが転入して来ることはあまり体験がありません。普通なら六年生の最初とか、どこか切れの良い時期を選ぶものです。更にUさんは私の勤務する学区の住所でもないのです。本来は隣の小学校に通うのですが、「教育的配慮」で通学することになりました。

校長の話によると一・二年生の時、クラスの子達とトラブル（仲間はずれにされたり、いじめられたり、からかわれたり等）があったとのことでした。その子が三年生になる時、父親の転勤で他県に転学したのですが、今回の異動で藤沢に戻って来たというのです。どうしても元通っていた学校には行きたくないというので、近くの学校へ通うことになった経緯を聞きました。

そのUさんが私のクラスに入り、「河童と蛙」の公開授業をした時の感想文には次のように書いてありました。

「群読」とは群れで読むと書く。私は最初、「群読」という言葉の意味はよく理解できなかった。でも、それを体験していくうちに、「群読」という言葉の意味がよく分かってきた。群読で最も大切なことは二つあると思う。一つは、みんなで協力しあって、もめごとが起きないように、一人ひとりの役割を決めること。二つめは、その文の中での重要な語句をきちんと整理しておくこと。（略）そして、話し合いが終わり、他のグループの発表を見た時の心境は、「ほとんどがすごいなー。うちのグループもああやれば良かったなー。じょうずだなー。」と言う感嘆の気持ちが多い。時には「良くあんなはずかしいことがやれるな。」というのもある。（略）だからみんなの前で群読する時には、人の目を気にしないようにしている。前には野菜がたくさんあると自分に思い聞かせれば何てことはない。後は、恥をかき捨てればいい。みんなの前で大声を張り上げて文を読む時ほど気持ちの良いものはないと思う。「群読」とは、みんなの心を一つにし、よく話し合い、明るく楽しくすることがコツだと思う

どちらかというと冷めた目で、色々な取り組みなども一歩下がって見ている姿は感じていたものの、聡明で整然と自分の思いを出しているUさんの感想文からは色々と考えさせられました。また、ショックも受けました。「野菜がたくさんある……」「恥をかき捨てればいい」「群読とは……コツだ」との受け止め方に。

確かにこのクラスに転入して三ヶ月くらい。あるいは、この子自身そんなに深い意味を込めて書いたのではないかも知れない。しかし、このように思って取り組んでいたことを考えなければならないと思いました。

二つの思いが交錯する感想文です。友達の発表を見て感心する自分。文を読むことに爽快感を味わっている自分。それに対し、自分を表出することに恥ずかしさを感じ、友達を「野菜」、自分に「恥のかきすて」と安心・納得さようとする自分がいる。読むことの楽しさを味わいつつも、自分を見ている周りの目に対する不安感。みんなの前で発表することに対する「期待と羞恥心」。そんな正反対の思いが複雑に入り交じっていた状態かも知れません。

人前で自らを出す時に、周りの目が厳しい批評をすれば二度とやりたくないと思うでしょう。でも周りが自分の良さを認めてくれれば、こんなに嬉しいことはないに違いありません。見ている友達も一緒になって練り上げるという意識が大切だし、その時間を楽しむという体験も数多くする必要があるのではないかと思いました。

何よりも「文を読む時ほど気持ちの良いものはない」と感じているわけだし、「考え合う・認め合う・喜び合う」という人間の良質な部分との触れ合いや、よい意味での楽観性も群読体験の中で感受して欲しいと願い話しかける日々もありました。

このUさんが「ゆずり葉」の群読に取り組み終わった時の感想には、次のように書かれていました。

前までは、自分の気持ちをみんなのように素直に表現すると、笑われたりからかわれたりした。でも、ここは違う。自分の思っていることをどういうふうに表現したって、笑われることはない。からかわれたりすることはないんだ。私は、嬉しくなって「よし、群読を一生懸命やってやるぞ。」と思った。（略）私は、詩を表現している時にいつも思う。ここの場面は、こういう気持ちで表現しているんだよ。この動作にはこういう意味があるんだよ。その気持ちがみんなに届いているかは分からない。でも、一人でも分かってくれている人がいたら、とても嬉しい。最後……。そうだ、もう卒業なんだ。もうこのクラスで群読をやるのはこれっきりなんだ。卒業して、今のように自分の感じたことを、自分の体や声を使って表現したらまたからかわれるんだ。

卒業後の不安も顔をのぞかせています。人と人の良質な部分が触れ合えば、お互いの優れた力や可能性は引き出されます。反対に不信やいじめは相手からも同じような傾向を引き出してしまうのです。いじめられた子がいじめる側へ回るのも、屈折した人間の負の遺産なのかも知れません。この子が感想文の最後にはこのように書いていました。

群読のおかげで、私は。少し素直になれたと思う。この気持ちをいつまでも忘れないでいきたい。こんなふうに思えるのも、群読の素晴らしいところだと思う

担任して一年間。Uさんが頑なに抱え込んでいたものはだいぶ溶けたのでしょう。私は、これから先の苦しい状況の時でも、友達と群読で体験した喜びを忘れず、前向きな一歩を踏み出してもらいたいと願わずにはいられません。

しかし、それ以上に、教師や教育に携わる者が、目の前の一人を大切にするという授業実践や取り組み・関わりに腐心しなければならないのだと思います。

この二年間、群読という多人数の表現形態の中で、子どもたちは自分たちの想像力を活かし意欲的に学んできました。詩や物語という独自の世界の、そこに描かれた情景や人物の言葉を通し、一人ひとりが自己の思いや気づきを「叫びきる・語り抜く・訴えきる」という意志を持って友達と考え合ってきました。その取り組みは、個を集団に埋没させるのではなく、また、教師の書いたシナリオを読み、練習を重ねるのでもありません。どちらかと言えば、時には一過性の、生まれてはすぐに消えてしまうような音読や群読でもありました。しかし、その様な取り組みの中にしか、子どもの生きるリアリティが私には感じられないのです。

独創性や創造性は創り上げた者達がその喜びを分かち味わったら、そこが最高点なのでしょう。子どもたちはそういった取り組みに驚くほどの意欲と工夫を凝らして取り組むのです。群読を創り表現するまでの中で、一人ひとりが生き生きと繋がり、個性や感性は躍動するのです。その時間と空間の中で出会うより深い感動は、人と人の関係の中にあることも体験したのです。

言葉を媒体とした群読。その音声表現と創り上げるプロセスの中で、一人ひとりの触れ合い・打ち合い・響き合いが、人間性の豊かな力を引き出し繋ぎ合っていくのです。その力が次の時代を豊かに担うことを信じて、これからも授業実践に取り組んでいこうと思っているのです。

以上が滝の沢小学校の時に取り組んでいた内容と実践記録です。読売教育賞を受賞した論文の続編になります。

この頃にもう一つ書いたのが「心紡ぎ・心つなぎ」という図工と国語の合科的な取り組みの論文です。この論文は日本児童教育振興財団が主催する「わたしの教育記録」で入選をしました。

第六章　「焼き魚メール」と「シクラメンメール」

―わたしの教育記録の発展―　（八松小学校）

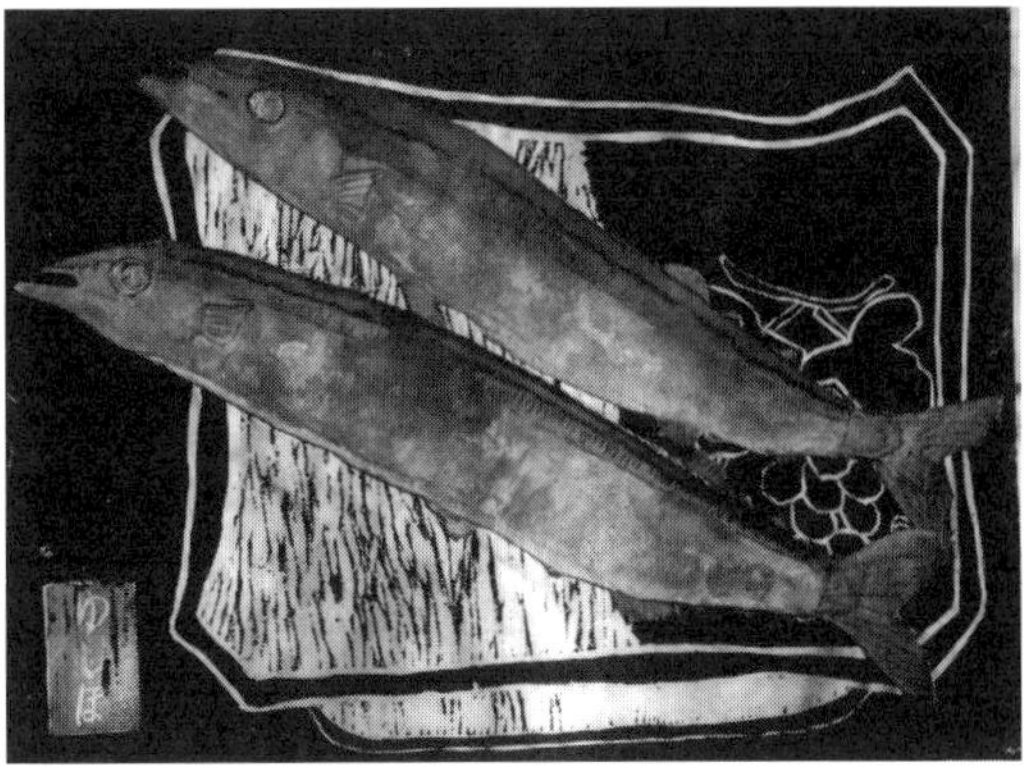

版画と水彩「焼き魚」４年生

掛け軸づくり「柿」４年生

1　絵画制作とメール、そして地域へ

八松小学校に赴任した五年間に、私は父と母が他界するという哀しみを味わいました。母は父を追うように逝きましたが、病院を見舞った時に紫陽花の花が咲いていたのを思い出し、それをきっかけに総合的な学びを見据えて「絵画制作とメール」の作成に取り組みました。その時の取り組みを書いたのが「一枚の絵の向こうに」という論文で、これも日本児童教育振興財団の「わたしの教育記録」で入選しました。

そこで紹介したのは四年生の一学期の内容です。その後二学期、三学期と「絵画制作とメール」の取り組みは発展性を持ちながら続いていました。

一、新しい取り組みを求めて

運動会も終わり、学校の中に少しずつ落ち着きが戻った十月。「二学期もメールを出したい」という子どもたちの言葉は、日増しに強くなりました。どんなメールを出したいのかを尋ねると「かえでメール」という言葉でした。これは一学期の最後に出た案でした。

しかし、私の中では、一学期の「アジサイメール」と同じ取り組みでは発展性がない。二学期は、一学期の「絵画制作とメール」を基軸にしながら、地域社会にも展開するような取り組みにしたいという願いが膨らんでいました。私は地域を一人で歩きながら、子どもたちに気付かせたり考えさせたりしたい素材を何度か探しました。

そんなある日、学校の西門近くの家の前で一つの光景を見ました。玄関先で、多分自分の母であろう白髪の老婦人を、かなりの年配の男性が車に乗せようとして、一人よろよろしながら背中に負ぶおうとしている姿でした。それは見るからに危なっかしい姿でした。思わず声をかけ車まで一緒に手伝いましたが、それが老老介護の姿だったのです。

私は、田舎の病院で闘病している母を思い出しました。一週間に一度は田舎に帰り病院に行ってもいました。長時間病院にいると色々なことに気が付きます。そのうち院内の通路の壁に掛かっている数枚の絵が気になりました。「ここに飾られている絵は高価なんだろうな。でも、もし子どもたちの絵がここに張り出されたら、おじいちゃんやおばあちゃんは幼い絵でも子どもたちから元気がもらえるかな、自分の孫のことを考えて元気になる力が出るかな、孫達が見舞いに来た時の話題になるかな」等、色々と考えるようになりました。私の心では、病院に子どもの絵が張り出せるかということに関心が向き始めていたのです。

今勤めている学区には大きな病院が二つあります。子どもたちが描いた絵画の作品と、地域の人に役立つところに展示することとの結び付けはどうしたらよいのか、の思案になりました。

勿論病院がオーケーしてくれるかどうかは大きな問題なのですが、子どもたちに自分たちの地域に目を向けさせ、そこに生きる人々と関わり、その場やその状況でしか学べない体験を通して、一人ひとりが物事を真剣に見つめ考える力の基盤を築かせたい願いは、どんどん大きくなりました。

しかし、そのことに出会わせる方法は、手段は、となると壁にぶつかるのです。まして、病院を見学させてもらうわけにはいきません。受け入れる側は迷惑な話でしょうし、業務にも差し障りが出てきます。

子どもたちと一緒に何度か地域を歩き、自分たちの絵画が役に立つことはできないかと考えました。なかなかアイディアが浮かばない時は、近くの肉屋でコロッケを四十個近く揚げてもらい、時には道ばたのベンチで、時には病院近くの公園で一個ずつ食べながら話し合ったのですが、子どもたちは揚げたてのコロッケに舌鼓を打ち、喜び、なかなかこちらの願い通りにはいきませんでした。商店会のお店に張り出してもらうという意見も出たのですが、小さなお店には限界があることも話し合われました。デパートという案も出ましたがねらいが違うと説得しました。病院に飾ってもらおうという考えが出てきたのは、私の母の他界がきっかけでした。子どもたちからその言葉が出てくるには、かなり大きな出来事が必要だったのかも知れません。

一方、図工での作品制作は進めておかなければなりません。

学区を何度も歩いたおかげで三年生の時、見学させていただいた魚屋の「魚政」の前は何度も歩きました。新鮮なサンマが氷の中で光っている様子は子どもたちの心にも残りました。

そんなある日、算数の教具を取りに数人の子どもと教材室に行った時のこと。「あっ、七輪だ」と言う驚きの声。そこは社会科の教材室にもなっていました。すぐさま三年生の時に七輪で餅を焼き、お汁粉を作って食べた話になりました。「また餅焼いて食べたいなぁ」「理科クラブで魚焼いてるの見たことあるよ」と、子どもの心は思いのままに語られました。

子どもたちの何気ない話から、「七輪・サンマ・焼いて食べられる……よし、焼き魚メールを作ろう」という私の言葉は、そこにいた子達にとんでもなく歓迎されたのです。

二、焼き魚メール作成の計画

①一人に一尾の魚を用意する。

・三年生の時、地域学習で魚屋さんを見学させていただいた。そこから買う。

②魚を絵画で制作し、皿は木版。印刷した和紙（六つ切り）の上に魚の絵を切り取り貼る。

・魚は二尾分描く。皿に載せる位置の違いで、絵全体の構図やバランスを楽しく学べる。

③生魚を線描し彩色が終わったら、七輪で焼いて食べる。

④作品が完成したら廊下に展示し、クラスのメール交換（短冊）をする。その後一眼レフで撮影し、おじいちゃん・おばあちゃんへ二枚目のメールとして届ける。

⑤デジカメでも作品を撮影し、コンピューターでカレンダー（A４・光沢紙）を作り、お世話になった地域の方たちに届ける。

三、取り組みの様子「焼き魚メール」

十月十二日、朝、自転車に乗り私はサンマとアジを合計三十五尾買って来ました。氷を詰めた発泡スチロールの箱には、まるまると太り、銀色に光る魚がひしめき合っています。

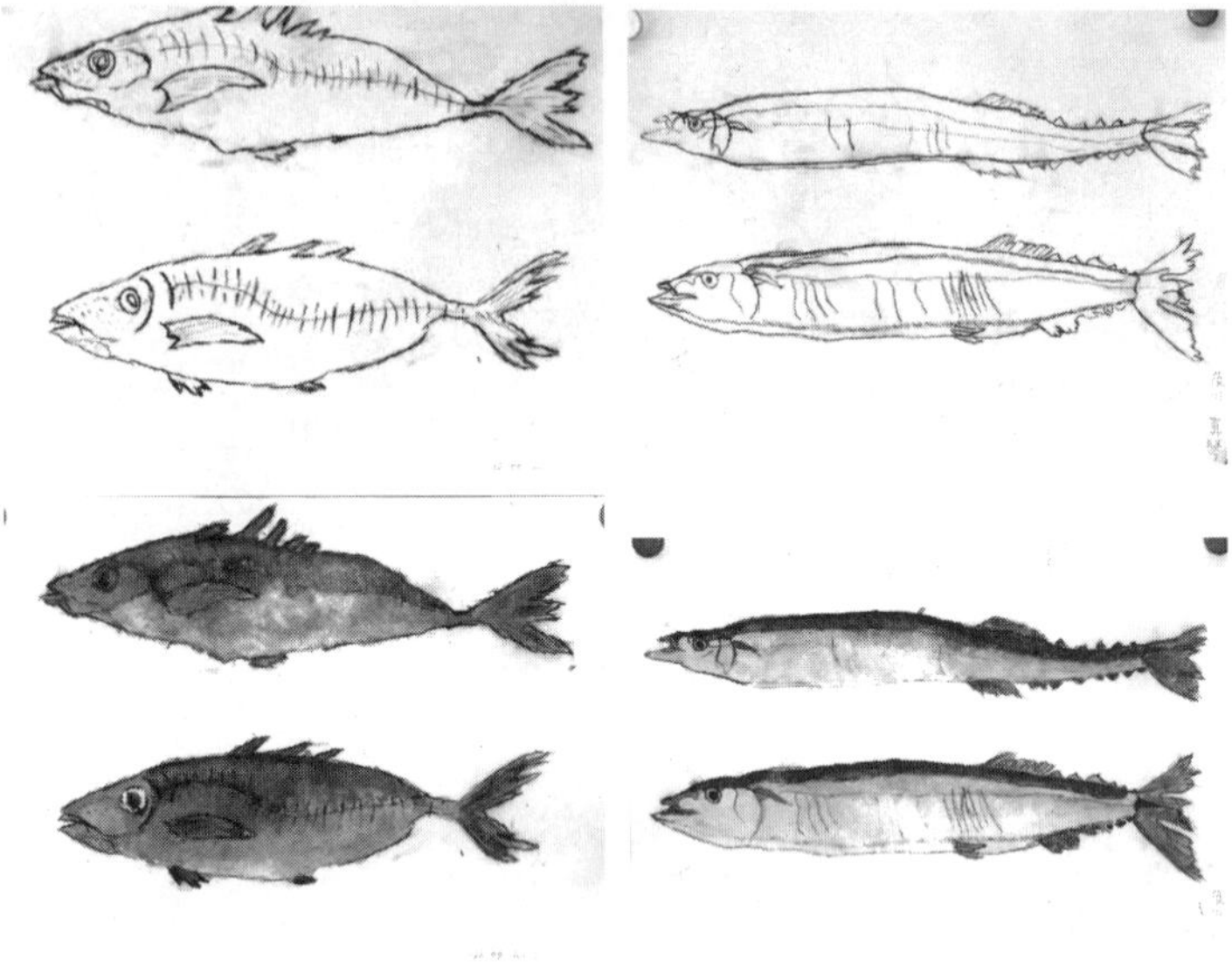

サンマとアジの絵画表現（合計六時間）

①家庭科室から三十五枚の皿を用意し、各自、アジかサンマを選び、八切り画用紙にコンテで描く。描き初めは一番とがっている口先、次に尾鰭を描き、そこまで続く線をゆっくりと慎重に描く。絵が小さくならないように、八つ切り画用紙一杯に二尾分描く。描き終えたらフィキサチーフでコンテを定着させる。

②青を基調とし、紺や水色などの同系色を少し混ぜ、濃い色を作る。

③背中の方から丸みを持たせ、下へと色をのばす。背を濃く、段々薄くしていく。

④腹は、白を主にしてほんの少し紺系統の色を入れる。（ここまで三時間）

順調な出だしでした。後は、後日、焦げ目を入れるだけです。

四校時目は七輪で魚を焼き、食べる時間。

体育館裏には六つの七輪が運ばれ、新聞紙・小枝・炭の準備もできました。「マッチ、マッチ」「うちわのあおぎ方違うよぅ」等、一度三年生でやったのですが、日頃からの体験のなさはすぐ出ます。なかなか炭に火がつかません。暫くすると、ジュー、バチバチと脂が燃える音。子どもたちの歓声が上がります。「いい匂い」「うまそー」「早く食べよー」と言葉の洪水。「もったいないよ、ここ食べられるじゃん」「ここ（内臓）は苦い」「そこがうまいんだよ」と絶妙の応酬。みるみる小骨もたいらげられました。

そして、放課後。乾燥棚に載せられた作品を見ている時、「あの笑顔と歓声を生み出した焼き魚、もう少しだ。出来上がりはすごいだろうなぁ」と、一人でワクワクしていました。

次の朝、水彩で焦げ目を描くために意気揚々と自宅で焼いたサンマ四尾・アジ三尾を教室へ持ち込んだのです。

しかし、子どもたちの筆がすすみません。焦げ目の感じが出せないのです。「茶色や黄土色を混ぜれば焦げの感じがでそうだ」「焦げは黒と茶色だよ」「黒はだめだよ。絵をもどせない」等々、子どもたちも苦心して色を作り描いてはいるが、結果は表情が物語っています。

ティッシュに水を含ませ、そっと押して、今置いた色を吸い取っている子の姿が目に入った時、「見通しが甘かったか」という思いが走りました。「よし、こうなったら、暫く焼き魚と睨めっこだ」と私。

暫くの沈黙の後、「ずっと見ていると、なんだか金色が見える」「こげは黒っぽいこげ茶なんだけど、光ってる」「焼けていても、腹は銀色だ」と、子どもたちにも段々見えてきました。しかし、金色・銀色を使うのにはやや勇気がいります。まもなく二校時も終了。「今日はここまでにしよう」と話し、給食の時、焼き魚をみんなで食べました。なんだか敗北した気持ちで心は重いのですが、子どもたちはおいしそうに一尾を班で食べました。残ったのは骨だけ。「今夜は金色銀色で研究だ」と一筋の光明を見いだしていた私は、自宅で試作に追われました。そして、二日後、自宅から又焼き魚を持ち込んだのです。絵の具は金色・銀色でもメーカーの違うものや水溶性の樹脂入りのものもそろえました。子どもたちもパレットで混ぜていくうちに、量を調節したり、ほんの少し黒を混ぜたりして魚に置くと、焼き上がりや焦げ目の様子が出る事を発見しました。焦げは金色、腹は銀色、樹脂入りを混ぜて焼焦げの感じが出たのです。（一時間）

皿を版画で制作（三時間）

家から簡単な模様の入った皿を一枚持って来る。皿をコンテで描写するが、初めての版画なので彫りやすくする意味から、やや太めに描かせる。皿の高台（脚の部分）を描いた子の作品を紹介し、奥行きや立体感が感じられることを紹介する。

「焼き魚」を切り取り、印刷した皿の上に貼る（一時間）

焼き魚を二尾描いたことは正解だった。間をあけたり、少し斜めに置くだけで、画面に変化

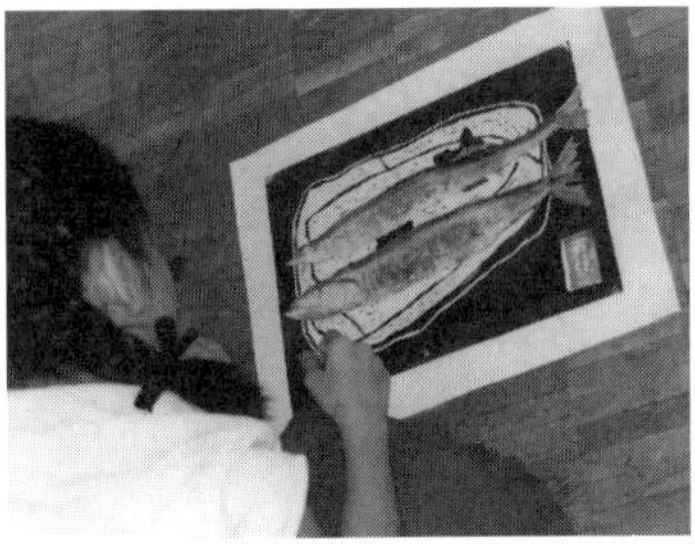

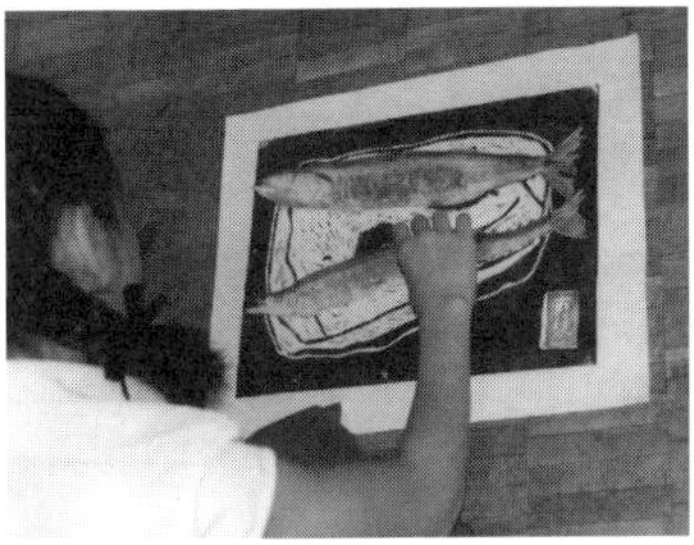

が生まれたりバランスを考えながら楽しく取り組めていました。アジを大きく描いた子は、一尾だけ皿に載せました。

作品の感想交換とおじいちゃんおばあちゃんへの「焼き魚メール」作成（二時間）

廊下に張り出された作品を見ながら、友だちとのメール（短冊）交換が始まりました。一学期に「雨のアジサイ」で体験済みなので要領は得ています。作品の良さを見つける感想です。二十分休み、校長先生が「焼き魚」を見ている。「我々が子どもの頃は、絵の中に金色や銀色を使わないように言われた。でも、こう使うと、見事に生きるねぇ」と、苦労した点だったので印象的でした。この話を子どもたちに伝えることも私の仕事です。

この焼き魚を一眼レフで撮影し、葉書サイズにプリントして投函したのは十二月六日。

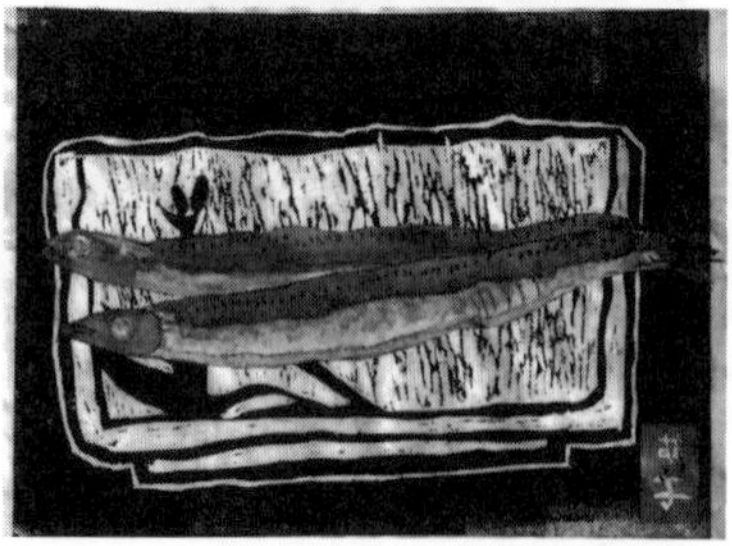

後日、萌さんが文京区のおばあちゃんから届いた葉書を見せてくれました。「萌さま又々見事なお魚の絵のお便り、嬉しく見せていただきました。また随分と上達して、こんなにかいてもらって、きっとお魚もよろこんでいると思いますよ。……絵を眺めて大変幸せな気分になっています。体の具合もどんどん良くなることでしょう。又元気で会いましょうね。たのしみに」という内容に、おばあちゃんの顔が一幅の名画のように浮かびます。

四、地域へ——焼き魚カレンダーを届けに

一学期からデジカメとコンピューターの使い方は、少しずつ学んできました。理科の季節と生き物の観察では、植物や昆虫を撮影し事典や図鑑で調べたことを書き込み、二学期の消防署見学では救急車や梯子車を撮影し、そこに聞いた話や感想を書きました。

今度は焼き魚の絵をデジカメで撮影し、コンピューターで画像を取り込みカレンダーを作るの

です。そして、それを地域の社会見学でお世話になった方たちに届けるです。これは私から提案しました。今までお世話になったという受け身的な関わりから、学校から地域へ発信する能動的な第一歩です。だれがどこに届けるのか、渡す時にどんな気持ちを伝えたいのか、もらった人は喜んでくれるのか等々、子どもたちには興味や関心と共に不安と緊張が交錯します。

早速届け先の検討です。最初に名前が上がったのは「魚政」です。三年生の地域学習では店内を見学させてもらい、今回、焼き魚の絵を描くのに魚を安く売ってくれたからという理由です。辻堂図書館では図書カードを作り、日頃から利用させてもらっています。市民センターも見学に行きました。「まつぼっくり」(施設)は家に帰ってからの遊び場になっています。

「お世話になっている人、まだ、いない?」の問いかけに、「そうだ、朝も帰りも交差点で渡してくれるT(交通指導員)さんがいい」と、真さんが言いました。

五つのグループに分かれ、挨拶を言う人、カレンダーについて説明する人、デジカメでその時の様子を撮影する人が決められました。デジカメでの写真は、後日の作文で使うからです。

十一月二日、それは、ドキドキ・ワクワクの体験だったようです。「Tさんにカレンダーを」と提案したMさんの作文には、人との関わりで味わった喜びが書かれていました。

焼き魚のカレンダーをわたして、絵の説明をしてから、「どこでもいいから飾ってください」と私たちはお願いした。(中略)私が何か言おうとすると、Tさんは、「これ以上言わないで、涙が出ちゃうよ。ホントに。ありがとうね」と言って、暫く、目を細めて私たちの絵を見ていました。今まで、私たちが作った物を見て、こんなに喜んでもらったのは、初めてでした。私は、ほめられた嬉しさをかくしきれずに、飛びはねてしまいました。

その二日後、夕食の買い物で「魚政」に行った子達が「レジのそばに飾ってあった」と教えてくれました。数日後には、図書館にも市民センターにも「まつぼっくり」にも飾ってあったと、嬉しそうな顔で誰もが確認した報告をしてくれました。

五、地域へ――柿の掛け軸を届けに

十一月上旬、学校近くの祐君の家から、クラスの子どもたちにと庭の柿が届けられました。数年前、田舎の母が段ボール一杯の柿を送ってくれたことが思い出され、その時「掛け軸」を作ったことを私は子どもたちに紹介したのです。数日後、そのことが紹介されている小五教育技術（九五年三月号）を見せると、「私たちも作りたい」という声が続きました。

掛け軸を地域に展開することで、二学期のねらいの原点に戻らなければならない。子どもたちの絵画作品を通し、それを通しての地域との関わりから、学校では学べない学びへと発展させたい願いは、日増しに大きくなりました。

そんな思いに支えられ、掛け軸づくりの取り組みを始めたのです。（制作手順は同誌に記載）前回と違ったのは三点。

①柿の絵は全員八つ切り画用紙に描き、台紙の色四つ切りに貼る。

②作者である子ども自身の顔をデジカメで撮り、プリントアウトして作品に貼った。

③白マジックでの詩が鮮明な文字になるように、台紙に水性のニス（マホガニー）を薄く塗った。

二十七日未明、母他界の訃報が届きました。いつもびくびくしていた電話がついに来たのです。早朝、前日に完成した「柿の掛け軸」を廊下に展示して、私は田舎へ向かいました。一連の葬儀が終わりクラスに戻った時、私は母の思い出と闘病生活を語りました。そして、子どもたち全員と廊下に張り出された「柿の掛け軸」を鑑賞したのです。

滝の沢小学校で、「心紡ぎ・心つなぎ」という小論文で発表した掛け軸は、田舎の母が段ボールに入れて送ってくれた裏庭の柿を描いたものだったのです。

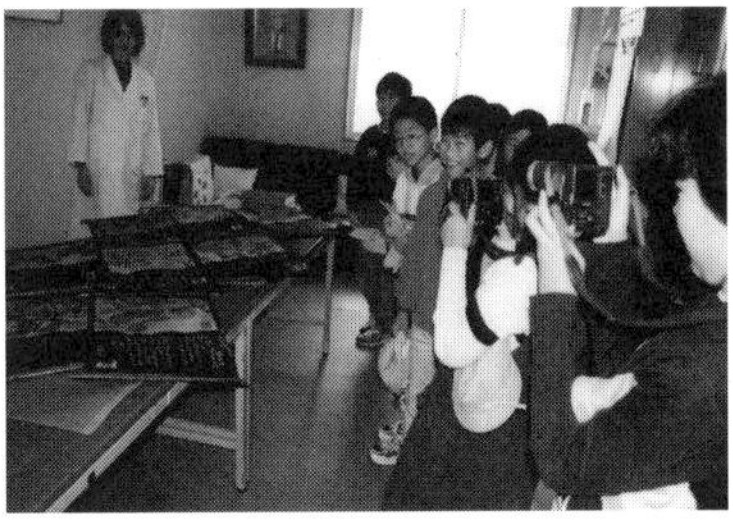

「こんなに素晴らしい掛け軸だから、何かに役立てられないかな……」と私。暫くして、「病院に飾ってもらえないかな……」と、真さんが話し出しました。三年の頃は、自分の思いを言葉に出せなかった子です。「病院に飾ってもらって、患者さんが少しでも元気になってもらいたい、役立てればいい」「私たちの詩を色々な人に読んでもらいたい」と意見が続き、やっとここで、二学期当初に思った事へと、子どもたちの気持ちが一つになって動き出しました。

学区にある病院にすぐ電話をしました。すぐに了解の取れるはずもないことから、「柿の掛け軸」の実物を持ってお願いに上がりました。快く返事をしてくださったことは何よりでしたが、掲示するには作品

院内展示された掛け軸

図書館の書架の片側に展示された掛け軸

の数に限界がありました。そこで、図書館にも依頼してみたのです。

趣旨を説明するとここでも快諾してくださいました。一つの病院に十五点、もう一つの病院に十点、図書館に十五点と全員の作品が展示できるようになったのです。

期間は十二月中頃から一月中頃まで。子どもたちにそのことを話し、後はどのように行動すれば良いかを考えさせました。どんな係が必要かをすぐに考えられたのは「焼き魚カレンダー」を地域に持って行った時の経験からでした。

子どもたちは三グループに分かれて、運搬係は掛け軸の大きさに合った袋の制作、挨拶係は自分たちの気持ちを伝える言葉、デジカメ係は撮影のタイミング等々、それぞれ検討しました。「自分の作品」「病院展示」という展開は前回よりもハラハラ・ドキドキの体験なのです。十二月十三日の様子が祐君の作文には、次のように書かれていました。

ドアの前に立つと、学校からきんちょうしていたのが、いっきにぼくの体じゅうをかけ回

ったような感じがして、心ぞうの音も、ドクッドクッとうなりをあげるような感じになってい
った。（中略）その後に理事長さんからお話がありました。「患者さんは、自分の力で治るの
で、私たちは、それを助けてあげるだけです。かけじくを見れば、患者さん達もきっと、元気
になると思いますよ。」（中略）理事長さんがテーブルにかけじくをならべてくれました。「わ
ぁ、すごいですね。きっと患者さん、元気になりますよ。」……

子どもたちに対する最大級の賛辞でした。子ども一人ひとりの作品を心からの言葉で迎え、感動してくださったのです。子どもたちも感激しました。

又、後日、その時の様子を病院の機関紙で紹介してくださったのです。「二十一世紀も間近い頃、地元の小学校から、四年生が描いた絵の院内展示の依頼がありました。子どもたちが社会の仕組みに触れ、地域社会の中で人々と関わりを持ちながら成長していくことを願っている。そして同時に、その絵が療養中の方たちの励ましになれば幸いである（中略）子どもたちの熱心な瞳に、二十一世紀への期待と夢が溢れているように見えました（後略）」。この機関誌を紹介し、内容を読み聞かせたのは三学期でした。

もう一つの病院では掛け軸を引き取りに行った時（一月中旬）、外来の患者さんが子どもたちに話しかけてきました。「病院に来る度に読んでいたよ。元気になったよ。有り難う」という話を、嬉しそうな顔で美さんと優さんがみんなに教えていました。

六、私の学び

「焼き魚メール」は、おじいちゃん・おばあちゃんの「どうか、孫達が健やかに成長してほしい」という祈りと、子どもたちの「おじいちゃん・おばあちゃん、いつもありがとう」という心の響きを増幅させてくれました。ハラハラ・ドキドキしながら地域社会へ持ち出した「焼き魚カレンダー」と「柿の掛け軸」は、そこに生きる人々の優しい表情や温かい声の響きに迎えられて、子どもたちに生きていることのリアリティ（実感）を体験させてくれたのです。

テレビゲーム等の疑似体験ではなく、生身の人間の体温を通してしか身に付かない、真に大切なものに触れることができたのだと思いました。その体験の積み重ねが、一人ひとりの内なる世界を幾重にも耕し、他者への共感性にもリアリティを実らせていくに違いないと私は考えています。

自分たちの願いを真摯に受け止めてくれた人々との関わりの中で、子どもたちの感性は豊かに磨かれていくのだと思えてなりません。子どもの心が地域に生きる、地域が子どもを育てる、そんな素晴らしさを実感した二学期だったのです。

2　三学期、新たな取り組みを求めて

一、はじめに

「それなら、学区の八百屋さんや花屋さんに行ってみようか。これを絵にしたい、絶対これで

メールを作るんだ、というものを見つけよう」と、学区を歩いたのは三学期の一月十七日でした。病院に展示した「柿の掛け軸」を引き取りに行ったのは十一日、「三学期は何を描くんですか」との看護師さんの言葉に、子どもたちは色々と題材を探していたのです。

学区にあるスーパーを最初にのぞきました。でもそこでは子どもたちの意欲が感じられる歓声は聞かれませんでした。辻堂駅のすぐ近くには生花店があります。次はそこを目指しました。「きれい」「すごいねぇ、これ」「こんなに色々な色があるんだ」と、子どもたちの歓声。四十センチはあろうかというシクラメンが店先に並んでいます。鮮やかな花びらと数え切れないほどの葉が、子どもたちの目を引きつけたのです。この店は、将君のお父さんが経営している花屋さんなのです。奥からはお父さんと叔父さんが出て来て、保存や手入れの仕方を教えてくれました。将君の満足そうな顔、熱心に聞き入る子どもたちの顔。「これなら描ける」との思いから、白・赤・ピンクなどシクラメンを五鉢買ったのです。

版画で表現したシクラメン

滝の沢小学校で六年生を担任していた時、一度シクラメンを描いたことがあります。その時は版画で彫り、葉や花びらに彩色したのですが、四年生では刀の使い方、例えば葉脈や葉の重なり、茎を彫ること等、細かい技術は要求できません。何か別な表現方法を考えなくてはならないと思いました。暫く考えている内に一つのアイディアが浮かびました。背景を墨汁で黒くし、シクラメンを浮かび上がらせ、下の方に詩を添えれば今までとは違った取り組みになる。それなら四年生にでもできるだろうということです。多分それは、版画風の絵画になるだろうし、私自身初めて取り組む方法なので期待に胸が膨らみます。鉢は入れないで、下も墨汁で塗り、そこに詩を書こうと、段々と具体的に構想ができてきます。早速子どもたちに話をしました。

「今まで誰もやったことのないようなシクラメンの描き方をしよう」と私は呼びかけます。勿論日本には多くの学校があるので本当に誰もやったことがないのかどうかは分かりません。でも、子どもたちはこういう言われ方をすると意欲が湧きます。意欲や目標を持たせるということが教育には重要な要素なのだと思います。

そして、もう一つ提案しました。「三学期も絵を描き、おじいちゃん・おばあちゃんにメールを出すんだけれど、今まで描いてきた作品を展示して、絵画展を開かないか」と。これも大喝采で迎え入れられました。絵画展の構想は一学期からあり、保護者会で、三学期になったら取り組みたい意向を話してはありました。

この発想のもとは最初に赴任した浜見小学校で開いた音楽会にあります。当時は合唱指導に夢中だったので、四年生・六年生を担任した時は学校の体育館で、三年生担任の時は近くの図書館のホールでと、二十曲近くを合唱したクラスの音楽会の体験です。何よりも、近くに住んでいるおじいちゃんやおばあちゃんが子どもの様子を見に来てくれたことが嬉しかったし、早くから知らせておくことで、遠くても泊まりがけで見に来てくれた方が何人もいたことに感謝の気持ちがありました。勿論それは、子どもたちも楽しみにしていたのです。

絵画制作や友達の絵を見てのメール交換（短冊に感想を書いて台紙に貼る）をし、「おじいちゃん・おばあちゃんへのメール」を出す。更には、二月十七日の「絵画展」の準備や体験を通して、一人ひとりの相互触発による「内なる世界の開拓」に間断なく取り組んでいく、それが三学期の目標でした。

二、シクラメンメールの計画

【用意する物……四つ切り画用紙・八つ切りの画用紙・コンテ・フィキサチーフ・墨汁】

①四つ切り画用紙に、五色のシクラメンから自分の描きたい色を選び描写する。画用紙の下方には詩を書くので、十五センチほどあける。シクラメンの鉢は描かない。
②茎や葉の重なりに課題を持つ子には、八つ切り画用紙にも数枚の葉を描かせる。四つ切りの絵が完成したら、八つ切りから葉を切り取り、重なりや変化を工夫しながら貼る。
③コンテの線に沿って墨をいれる。
④周りを墨で塗り終わったら、彩色にはいる。
⑤彩色が終わったら、詩を書く部分（下の方十五センチ）に水性ニス（マホガニー）を塗る。白マジックで書く文字を鮮明に出すため。
⑥シクラメンを見ながら詩を書く。（極細の白マジックで絵の中に詩を書く）
⑦完成したら廊下に展示し、クラスのメール（短冊）交換をする。
⑧一眼レフで撮影して、葉書サイズにプリントし、おじいちゃん・おばあちゃんへの三枚目のメ

ールとして投函する。

三、取り組みの様子と制作時間

花の色毎に、シクラメンの周りには五〜七人ほどの子たちが集まります。画板には四つ切りの画用紙、描き出しは花びらから。次に詩を書く部分を残して葉の位置を決めます。花びらや葉の重なりがなかなか表現できない子が必ずいます。「あとで別な画用紙（八つ切り）に描いて、上から貼っていこう。ここの茎の曲がり具合はよく見たね」と、制作途中で良い点を必ず褒めていきます。子どもが真剣に取り組むようになるには、教師が具体的に褒めることだと思います。どんなに絵が苦手な子でも、その作品の中には、気持ちを込めて描いているところが一カ所はあります。そこをきちんと指摘して、子どもに伝えることが大切なんだと思います。勿論、描き出しはどこで、どこを目標に線を描いていくかなど、その手順を教えることも大切ですが、絵の苦手な子は、自分が描けないことを知っています。それを気にしているのです。その度合いは教師が思う何倍もの大きさなのです。

子どもが丁寧に取り組む姿勢を育てるために、褒めて励ますことが何より大切です。ちょっとした良さ、誰にもない良さ、それを見逃さないこと、そして、それをみんなに紹介することです。そこを指摘し褒めることをすれば、納得と意欲の表情になります。教師がテストの

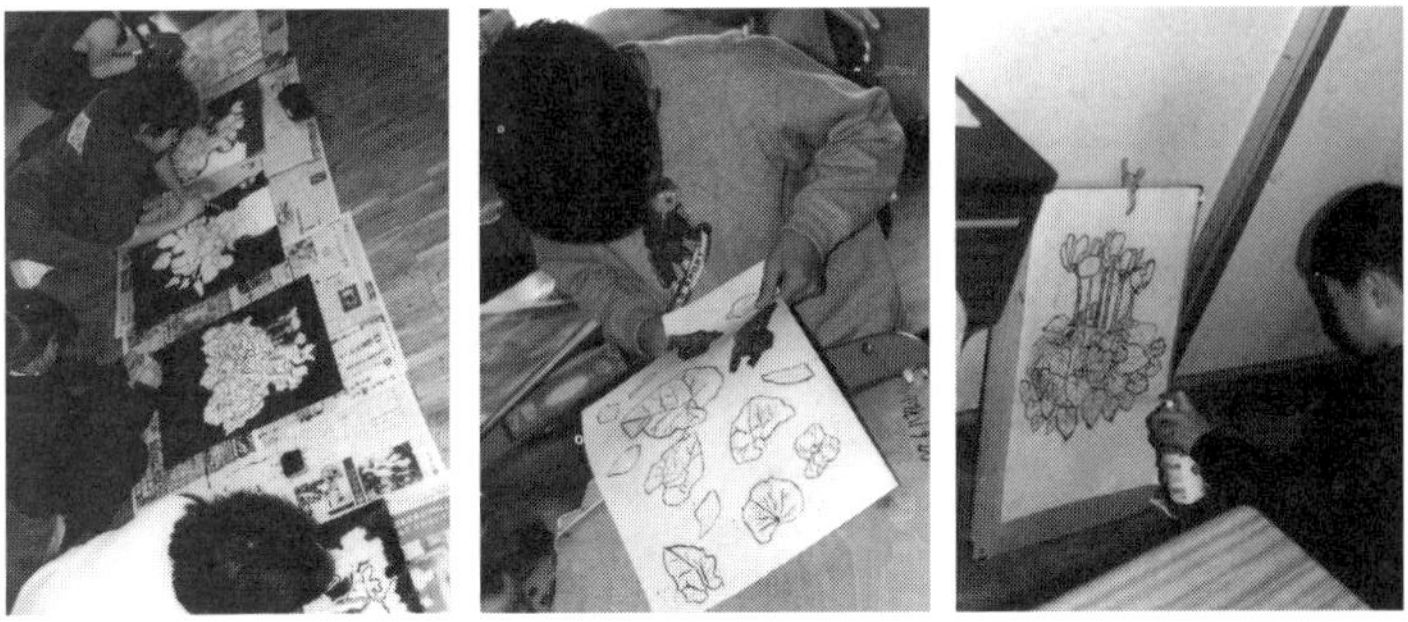

丸付けをしてたり、出張の際の自習に描かせることを見たこともありますが、私はそのやり方には馴染めません。
　また、うっかり思い込んで、葉の形や葉脈がアジサイと同じになってしまう子もでます。そんな時はすぐ板書して比べさせます。そして、「気にしない、気にしない。これも別な画用紙に描いて、貼ればいいんだから」と話し、「葉の向きがいいねぇ、花びらや茎に重なりが感じられるね」とか、「茎に傾きが見えてるね」と、どんどん褒めていきます。（二時間）
　下絵が終わった子から墨汁を塗りました。平筆の小や中で、花びら・茎・葉のコンテの線に沿って丁寧に筆を運ぶように話します。背景も墨汁を使い太い筆で全面黒。（一時間）
　彩色には「雨のアジサイ」で見せた、色のサンプルを提示しました。緑に青、緑に山吹、緑に黄等を混ぜた時にできる色合いを示した画用紙です。チューブから出す量によって一人ひとりの色合いが微妙に違うので変化に富む色合いになります。それがお互いの関心を呼びます。子どもたちは気に入った色合いができると友達に教えたり、交換したりします。（四時間）
　二学期の後半、「神奈川子どもの詩展覧会」に応募したのさん

の詩、「一・八センチ」の受賞式（県教育長賞）が小田原市でありました。今回、シクラメンの絵に詩を添えることから、いただいた賞状や記念品を紹介してもらい、その詩から学び合ったのです。

「おどろいた。／おどろいた。／けさ、／庭で見つけたカマキリ、／一・八センチメートル。／私が、／お母さんのおなかで／最初に発見されたのも、／一・八センチメートル。／同じだね。／こんなに小さかったんだ。／今日初めて知ったよ。／今は、もう、百五十センチ。」

子どもたちからは「定規持って行って計ったの?」「茶色いやつ?」との意見から、「同じ言葉が繰り返されているから、本当に驚いたんだね」「自分と同じだったから、こんなだったのと、信じられなかったんじゃない」等、自分のことのように嬉しそうな顔で感想が出されました。

私は、「カマキリと自分を比べたのがおもしろいね。自分にもこんな小さな時があったのかという驚きが、本当の事として感じたんだと思う。生命の驚きと喜びが素直に書かれているね。でも、先生が初めてこの詩を見た時は、少し違っていた。そこで、のさんに二つのことを話したんだよ。まず、詩は説明的にならないこと。それから、詩では、前の行と後ろの行を入れ替えるだけで、感動の表し方も伝わり方も違ってくること。そして、もう一度自分で書いたのがこの詩なんだよ」と。

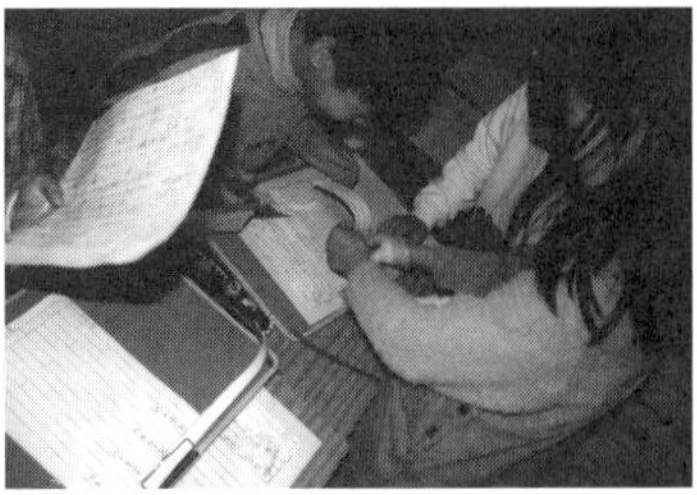

「さあ、シクラメンを見つめよう」「シクラメンと話をしよう」「自分の心にわき上がった言葉を書こう」と板書し、下書き、推敲、清書と二時間かけて詩に取り組み完成したのでした。（二時間）

四、子どもの作品から

詩と友達からのメールを紹介すると……。

「咲き続ける」（彰）
一つの花がかれると／一つの命が芽生え／シクラメンは咲き続け／花がかれそうになると／葉は／それを支えようとする。／みんなが助け合っている。／小さなつぼみが生まれていた。／咲いているつぼみの陰で、／はげまし合っていた。／小さくても／大きくても／命の素晴らしさは／変わらない。／シクラメンは咲き続ける。

〈クラスのメール交換から〉……この詩を読んだ感想のメール
▲詩のこと……「小さくても大きくても命の素晴らしさは変わらない」ってところがすごく気に入ったよ。心に残る言葉だね。（海）
▲絵のこと……みんなから色々な赤を借りて作ってあるから、素晴

らしい赤ができ、自分でもうすめたりこくしたり、しっかりと変化があってすごくいいよ。（麻）

▲葉のこと……葉にすき間がなくてたくさんあるよって表したいように感じるよ。いいよ。形も大きいの小さいの、かげにかくれているけど、本当は大きいのがあるような、なんか、だれかを引きつける絵だね。（美）

「おどるシクラメン」（の）
ヒラヒラ。／くきのステージで／おどるシクラメン。／フワフワ。／花びらのドレスを着て、／おどるシクラメン。／今日は楽しい、／ダンスパーティ。

〈クラスのメール交換から〉……この詩を読んだ感想のメール

▲ののは、詩が一ばんいいね。中でも「今日は楽しいダンスパーティ。」という所が、とても元気になる言葉だよ。「フワフワ」って所も想ぞうできてOK。しぶいみどりの葉もとってもきれいだね。（萌）

▲題名が「おどるシクラメン」なんて、ぼくじゃ考えられないよ。葉の色がところどころちがっていて、葉をよく見ていて、とてもいい絵になって、詩と絵のバランスがとてもいいよ。（一）

五、おじいちゃんおばあちゃんへの「シクラメンメール」

シクラメンの絵画の中には、一人ひとりの感性豊かな詩が書かれ、それを鑑賞してのメールには、素直にその素晴らしさを認める言葉が溢れていました。この絵が写真に撮られ、メールシートに貼られ、そして、文章が書かれておじいちゃん・おばあちゃんへ投函されたのは三月中旬でした。

〈札幌に出した彰君のメール〉

「こんにちは、お元気ですか。このシクラメンの絵は、最後のメールです。二月十七日に、四年生で描いた絵を飾り、絵画展を開きました。今度その絵を送ります。楽しみにしていてください」

〈秋田に出したのさんのメール〉

「おばあちゃん元気ですか。今度の絵はシクラメンです。この絵は絵画展の時かざった絵です。今度秋田に行ったら、この絵を持っていくからいっしょに見ようね」と、書かれていました。私にはおじいちゃんやおばあちゃんの嬉しそうな顔が浮かんできます。

六、「絵画展」――（絵画展と群読会）

一方、前年七月六日の懇談会で保護者に話した絵画展の準備も進めていました。場所は市民センター。予約には二ヶ月前の申し込みが必要。競合すれば抽選。公園掃除やゲートボールで交流してきた老人会の方を招くには、住まいに近い方がよいと考えたからです。二月分の予約は前年の十二月一日、国君のお母さんが見事射止めてくれました。

クラスでは、シクラメンの絵画が完成すると、絵画展へ向けて、子どもたちの意欲は自己回転を始めました。「どんな係が必要？」と私。「全体を進行する係・受付・絵を展示し説明する係・案内状を作る係・デジカメ係」等と、二学期、地域に「焼き魚カレンダー」や「柿の掛け軸」を届けた時の経験が生きています。てきぱきとした取り組みです。

進行役が司会となり、全体の流れが話し合われました。「初めの言葉、終わりの言葉をやりたい人？」すぐ手が挙がります。「絵の展示係は？　友達の顔・雨のアジサイ・焼き魚・柿の掛け軸・シクラメン……十人でいい？」と、「自分たちの絵画展」という目標が一人ひとりのものになっているので、話し合いがスムーズです。

「提案が二つあるんだけど？」と私。「一つは、今、国語で『ごんぎつね』をやっているから、これを群読にできないかな？　以前に詩でやったように一人で読んだり、数人で読んだり、全員で読んだりして表現する。どこをどう読むかは係を作って、その人達に考えてもらう。もう一つは、友達紹介。友達を自分の言葉で紹介して、リレーのようにつないでいく。最後の人は、一番最初の人を紹介する。どうだろう」と、みんな大賛成でした。

二月の第二週から本格的な取り組みが始まりました。受付の係の子は「来た人達に名前を書いてもらおう」と名簿を作り、係の腕章も考えました。案内状を作る係はパソコンで原案を作り、四十部を老人会の方へ届けたのです。それだけでなく、会場の設営も考え出されました。群読を作る子達は家で考えてきた案を持ち合い、最終的な形を検討していきました。

私は、群読の練習時間を確保することが役目でした。

ついに十七日が来ました。登校後すぐ市民センターに出かけ、十時開会までの準備に取りかかりました。作品掲示、いす運び等、数人の保護者が手伝ってくれましたが、子どもたち自らが、どの場所に何を置くかを話し合い決め行動したのです。お母さん達も驚いてしまいます。

「前向きな失敗は、嫌々やっての失敗より次の財産になる」と日頃から話しているので、一人ひとりの行動は意欲的です。間違いや失敗は大切な経験です。私は見守ることに専念しました。後日、デジカメ係が写した写真を貼った作文を読むと、その時々の意気込み、緊張、喜びが一層強く伝わってきました。その中から子どもたちの様子を追い、心を覗いてみると、

・まず最初にいすをステージの前に運びました。でもいすは重くて引きずりそうになった。（あっやばい）と思った時、ひくんが、「手伝おうか。」と言って一緒に持ってくれました。ぼくは、（よかった。

助かったよ。ありがとう。）と思った。（章）
・今はかべに絵をはっている所です。「のぞー、とどく？　とどかなかったら先生よぶから。」と、姿ちゃんが少し心配そうに言いました。「うん、先生よばなくても平気だから」（の）
・気がついてみたら、会場一面は、人、人、人、でうめつくされていました。ぎゅっとしぼられるようなきんちょうかんの中に、大ぜいの人が来てくれたという嬉しさがまじっていました。（優）
・とうとう十時、絵のしょうかいで、司会者が、友達の絵からアジサイ、アジサイから焼き魚へと行った。待っている時も、話している時も、むねがドキドキ、もうふるえがでるほどだった。（隆）
・次は群読です。いきなりしんぱく数がふえて、頭がクラクラしてきました。（おちついて。おちついてー。と心の中で思っても、足がステージをいやがっているようで歩きにくくなりました。）（穂）
・「そうそう、なあ加助」それから会話文が続いた。たった数行なのに無が夢中でやっていた。（中略）そして頭を上げるしゅん間に光が目に入りこんできた。耳からも大ぜいの人のはくしゅが入りこんできた。（苦労したけどこんな事がおきるなんて。）その時胸があつくなった。（大）
・みんなで力を合わせて、じゅんびをしたりかたづけたり。初めから最後まで、自分たちでなにもかもした。これをやって、みんなと、力を合わせることを学べたし、（四年生でもこんなに

できるんだな）ってことが分かった気がした。本当に本当に、楽しかった。（奈

等々。

子どもたちはその一瞬一瞬にハラハラ・ドキドキしながら、生きていることの確かな手応えを味わったに違いありません。もう少し踏み込んで言えば、その瞬間瞬間に、葛藤・逡巡・意欲・決断・感激等、生きていることのリアリティ（現実感）を体験していたと言えるのでしょう。

七、まとめ

シクラメンは三月になっても咲き続けました。

廊下に張り出された作品を見た六年生の二クラスは、自分たちの卒業制作にシクラメンを描こうと、卒業間際まで制作に取り組んでいました。又、絵画展と群読会に参加された地域の方や老人会の方からは、激励や感謝の手紙が何通も届きました。

その事実を子どもたちに伝えると、一人ひとりの表情に喜びの笑みが浮かびます。

誠実に粘り強く取り組まれた作品には、人の目を引きつけ、人の心を動かす何かがあるのだと感じてなりません。

絵画制作がメールという具体的な形となり、おじいちゃん・おばあちゃんを含めた家族という人間の基本的な絆を深める教育実践になったのなら、これ以上の喜びはありません。そして、友達同士の触発や協力を体験したことは一人ひとりの自信につながり、心の成長の確かな礎となっ

ていくと考えています。ハラハラ・ドキドキしたリアリティは、一人ひとりの心の底流に脈打ち、友達（人間）への優しさという共感性へ向かうに違いないと、私は考えているのです。

第七章　最後の一年間

（石川小学校）

ブロンズ粘土「顔」6年生

石川小での総合的な学習

二〇〇一年度、この年から総合的な学習が本格的に取り組まれました。八松小での取り組みは、その移行期間の内容です。

「教育に新聞を」という言葉に刺激を受けたわけではありませんが、そこに載っている様々な記事を子どもたちがどのように受け止め、そこから、どのような学びが展開されるのかは興味津々でした。一方、先が見えないという不安もありました。それは、子どもたち一人ひとりの興味・関心に関わった記事について、どのように展開させていけばよいのかの明確なビジョンが持てなかったことです。結局は課題を幾つかにまとめ調べていくことになるのかなという予測でした。本来なら、四十人の興味や関心は四十人の追求になるべきなのに、というこだわりがあったのです。

色々な戸惑いはあったのですが、私自身の興味や関心も手伝って、二〇〇二年度の六年三組の総合的な学習は「小学生新聞から」ということにしました。

その結果、次のような取り組みを行ったのです。

①新聞を読み、記事を切り抜き、それにコメントを書きスクラップを作った。
②学生新聞社から副編集長に来ていただき、班ごとの「クラス新聞」について指導してもらった。

③「石川ふれあい新聞」という地域の新聞を二百部（四ページ）発行した。
④新聞形式で「自分史」を作り卒業文集として残した。

二〇〇六年度の取り組みにあたって

石川小での二度目の六年生。以前と同じように、新聞を読むことは、子どもたちから驚くほどの興味と関心を引き起こしました。朝自習から集中して読んでいる姿が毎日見られたのです。今回も記事を切り抜き感想を書きました。しかし、その記事についての書き込みを張り出す前に、必ず友達と二人組になって互いの感想を読み、話し合うということをしました。

新聞購読を軸とした今年の総合が、どのような方向に展開されても、一人ひとりの興味や関心が交流し、その中での取り組みが内発性や必然性に裏打ちされるならば、子どもたち自らが意欲的で真摯な姿勢になるだろう。そう思っていたし願ってもいたのです。

その時々で、「子どもたちは何を考え何を感じているのか、そこではどのような学びが生まれるのか」、常に担任が進取的な姿勢ならば、子どもたちの姿が見えるはずだと思い、暫くは「記事を読む・書き込み・二人での話し合い」を子どもと楽しみ（私も記事を読み子どもと話し合う）、総合を見守っていく。ゆったりとした出だしが重要なポイントになるだろうと考えたのです。

クラスに新聞を

クラスの中では一人だけが小学生新聞を購読していました。四月下旬、その子に読み終わったらクラスに持ってきてもらい、教室後方に広げて掲示しました。ほとんどの子どもにとって小学生新聞は初めてです。第一声は「キレーィ」でした。日頃目にしている一般紙より絵や写真がたくさん使われています。特に見出しはカラーで印刷され、子どもたちの目を引きました。私は、暫くは何も言わず子どもの様子を見ていました。

朝日小学生新聞には連載の漫画や動植物のコーナーもあり、子どもたちの立ち読みする姿が次第に増えてきました。「ミニ図鑑楽しい」・「こんな事あったんだぁ」という声が多くなった五月の初め、「一人一部取ろうか」という提案に子どもたちの目が輝いたのです。切り抜きをするし、何より「自分の新聞」であり、どこからでも自由に読める。前回の時の、帰宅してからも読んでいたという話を思い出すと一人一部は必要です。一学期は五月の三週目から七月八日まで取ることにしました。三十八人中三十七人が初めて読むのです。

一学期の総合の時間は週三時間。土・日と二日分の新聞が配られる月曜日は、一校時を総合としました。新聞を読み、関心のある記事を一つずつ選び切り抜き、その記事をＡ４に貼り、８行くらいでコメントを書く。選んだ記事や書き込んだコメントについては、書き終えた子から二人組になり紹介したり意見を述べる。月曜は休刊日。火曜から金曜までは、その日の新聞を朝自習（十五分間）から一校時の半分まで（合計約三十五分間）で取り組んだのです。

「いじめ」討論会

いじめ投書箱の記事をめぐって

六月十八日、この日の書き込みと話し合いに普段と違う様子が感じられました。

この朝日小学生新聞には「いじめ投書箱」というコーナーがあります。十八日の新聞には「どうしたら助けられる」という題で、いじめに遭っている友達（六年）への助言を求める投書が載っていました。それを読んだYさんのコメントは簡潔でした。

「誰かが受け止めてくれると心の痛みも少しは和らぐから、何もできなくても話を聞いてあげるなどする。いじめられる人、いじめている人どちらにも問題があると言うけれど、それはただのきれい事。被害者は頑張っているんだ。転んだ事のない人に転んだ人の痛みは分からない、分かるはずがない」と。

しかし他の子は「いじめられる子」にも責任があると言うのです。ある女の子は「いじめられてしまう何か原因があるんだと思う」とも書いています。

「いじめられる子の弱いところを見つけて、それをねらってわざといじめるのも良くない」、「いじめられて嫌だって事は分かるけど、自分（いじめられる子）にも少しだけ問題があると思う。私も同じことがあったから、そのイヤで死にたい気持ちは分かる。……やっぱり自分自身と戦わなきゃダメだと思う」と書く子もいます。

私は子どもたちに質問しました。「いじめている子が百パーセント悪いと思う？　それとも、どちらにも問題があると思う？」と。百パーセント悪いには三人、どちらも悪いには三十人以上手を挙げたのです。子どもたちの考えていることが少しずつ現れてきました。

一週間後の二十五日の新聞には、あるペンネームで「いじめ仲間に入らないで」という投書（六年）が載っていました。Yさんの感想には「この○○さんはいじめの真実をしっかりと見ている。この公式（言い始める↓仲間でいじめる↓一人で立ち向かえない↓友達は見て見ぬふり↓いじめている人の方へみんな行く↓いじめの仲間が多くなる↓いじめられる人の孤立…投稿文による）は、ほとんどのいじめに当てはまると思う。みんなはいじめられる人＝暗い人という先入観が強いと思う。その人達はいじめの表面しか見てない。明るくてもいじめられる人はたくさんいるのに。つらさを理解しようともせずに」と書かれていたのです。

十八日の投書には二十三人の子が、二十五日には二十四人、七月二日へは十五人がコメントを書き込んでいました。

Yさんは五年生の初めに転入して来た子です。いじめを受けた体験が、七月二日の投書記事には「誰も守ってくれないから、弱き生き物は自分を守るために自分の存在を消していく。一人でも守ってあげられたら変わるのにな」との書き込みになったのです。

討論会へ、そして、討論会で

重要な問題です。私は討論会をしようと提案しました。掲示（子どもたちの書き込んだプリントは教室の横に掲示されていた）された互いの書き込みを良く読み自分の意見を持つことを話し、討論会の実行委員会を作る提案をしたのです。討論会を子どもたちの手で企画・立案させたいという思いからです。実行委員（五人）はすぐに決まりました。

六月下旬の国語の教科書（光村図書）には「学級討論会をしよう」という単元があります。指導書には「人の意見を自分のそれと比べながら聞き、質疑応答することで互いの意見を強めたり修正したりする」と言語活動の基本が述べられていて、私は、そのねらいをコピーして実行委員会に渡しました。実行委員会ではそれを参考に討論会の意味や意義が休み時間何度も話し合われ、そこで決まったことは、そのたびに連絡・説明されたのです。

①「いじめとは二人以上の集団に自分の嫌なことを言われる。そして、それが続き、自分の言うことを聞き入れてもらえず力ずくでも嫌なことをされる」とインターネットで調べてきた子の意見がみんなに確認されました。

②テーマは「いじめ」。その中で、「いじめは、百パーセントいじめる方が悪いと思うか。それと

も、どちらにも問題があるのか」、自分はどっちの意見に賛成かを決めます。
③それぞれのグループから五人ずつ発言者を出すことにします。
④今まで切り抜いた記事や書き込みをもとに、自分の体験や言葉で話しましょう。
⑤発言者に対し聞いている側からも疑問や意見を言えるようにします。
⑥討論会で大切なことは勝ち負けではなく、十分に話し合うこと。勝敗は決めません。
⑦司会は二人です。

以上のことが実行委員から提案され、了承されました。

私は、七月四日の学習参観の日に討論会をやろうと話しました。保護者の方々が見ていたら子どもたちは本心から話せるだろうか、という心配はあったのですが、今の生の声を聞いてもらうだけでも良いと考えました。それに、言葉だけが上っ滑りしたり、どこか表面的できれい事のようであったとしても、全てがその子の事実であるとの思いが私にはあります。一人の子のどれが本当の姿でどれがうわべかじゃなく、全てがその子自身なのだと思うのです。そこから子どもを理解することが始まると思っているのです。

いじめる方が百パーセント悪いというグループからの主張

・私はある癖によっていじめられた。癖は直せない。個性は十人十色、一つの癖でも他の人から見れば、良い癖とかいい人だとも見られる。そういうのでいじめるのは、いじめる方が悪い。

・元々消極的な子がいじめられると、自分で抱え込んで余計に消極的になる。頼れる友達もいじめられるのが嫌で（離れて行き）、どんどん一人になる。
・先生がいじめる子に注意したら、もっと陰でやられることが多くなり、いじめの回数、いじめの内容がひどくなる。
・自分で言えないだけじゃなく言うなと口止めされて、自分が苦しい思いをしているのに、言わない方が良いと思っちゃう。いじめる側は楽しんでいる。

どちらにも問題があるというグループからの主張

・誰にでも信用できる友達はいる。いじめられている人が、自分から相談したり仲間になったりしない。消極的なところがある。消極的な性格を直さないと変わらない。
・親とか先生とか頼れる人に積極的に・具体的に相談すればいい。
・性格に問題があるだけじゃなく、その人自身に問題がある。例えば暗かったり、影が薄かったり。明るくても何かのきっかけでいじめられる。

このような主張の後、一人の男の子が発言しました。「いじめられている方は、やめてとかそういう言葉を出さないところがあるんじゃない」と。Yさんは淡々と「やめてって言ったってやめてくれないのが普通。私は背が大きいことだけでずっといじめられてきた。友達は見て見ぬふりして、先生は頼りにならなかったし、それで、自分はどんどん追い込まれちゃって、人が信じられなくなっちゃったの。……いじめられる人というのは消極的なイメージが強いと思うの。それはあの、消極的な人もいるかも知れないけど、いじめられることによってもっともっと自分を消していかなければならないのね。自分の存在を消していかないと自分を守れなくなっていくから……」と、一点を見つめながら話すのです。

いじめに遭った友達がいる子からは「いじめられる子は母親にも言わないとか、先生にも言わないってことが多いと思うんだ。自分自身にも言わない、自分はいじめられていると思いたくない。誰かに話すと自分の存在が崩れていくとか、そういう問題があると思う」との発言がありました。Yさんはその意見に対し「その裏には、親には心配かけたくないとか先生に言ってもしょうがないとか、その前に経験したことがいくと思うの。繰り返していじめられて言えなくなったりして、あの、もう耐え続けていかなければならないって子が一杯いるの。自分で抱え込むしかないのね」と、一言一言を噛み締めるように言葉を紡ぎ話します。

しかし、次第に言葉はとぎれます。涙で目が潤んでいるのです。言葉の暴力だけでなく、階段で突き飛ばされた体験が蘇ったのかも知れません。教室の横からは、Yさんのお母さんも目頭を押さえながらその様子をじっと見ています。

「自分の良いところを見せればみんなも信用（自分への見方が変わる）すると思う」との発言には、「考えてもみて、周りにだーれもいなくて一人の時に、良い所なんか見せられる余裕なんてあると思う。分かってくれる人だってだんだん離れて行って、見て見ぬふりをし、独りぼっちで良いところ見せるなんて考えられるわけないじゃん。そういうところもちゃんと考えて」と訴えます。苦しみや哀しみを味わったから言えるYさんの言葉なのです。別な子からは友達がいじめられた体験が出されました。その意見に対しては「かばったの？」Yさんは問います。「かばったんだけど、その子達にすごい蹴られたり、すごい……なんて言うのかな……」と、いじめを見ていたその子自身の複雑で苦しい胸の内が吐露されます。

しかし、黙って見ている人の存在が同時に浮かび上がったのです。

他の子が、「いじめってさ、かばってあげる子もその子（いじめる子）達にやり返される。自分まで巻き添えにされることが怖くて、助けてあげられないいんじゃないかな」と、分かってはいるがなかなか言い出せないことをはっきりした言葉にしたのは男の子。問題の一つが明確になってきました。

この討論会で「どちらにも問題がある」という意見は少数になってきました。また、「いじめを見ている人」の気持ちや行動が重要な鍵になることも明らかになりました。Yさんは「いじめを見ている人が一番悪い」と言い切るのです。他の人達の理解・認識・言葉がまだまだ表面的に感じるに違いありません。

心の叫び

実は、もう一人、私には気になる子がいました。その子はこの討論会で具体的なことを何も話さなかったのです。しかし、以前から代表委員会の席で「学校にいじめはないの？　私はいじめられていた。いじめについてみんなで話し合いたい」と言っていた子です。それなのになぜこの場で話さなかったのか、私はその理由を知りたかった。

あと三日で夏休み、私はこの前の討論会のビデオテープを見ようと提案しました。自分達の話し合いを外側から見る事で、一人ひとりが心の中を振り返り、自らに語ってもらいたかった。じっと聞いていたあの子は何を考えていたのか、私は子どもの感想文を読みたかったのです。

自分はなぜYみたく体験談を言えなかったのか。本当は言いたかった。でも考えているうちに怖くなってきた。Yみたいにちゃんと言えるか。でもいじめについて言うことは、みんなのため。自分の怖さをなくさなくてはならない。Yは四年間やられてきたのに言えた。だから私もこの紙に書く。いじめのことを。私は、三、四年生の頃にいじめにあい、誰も助けてくれなかった。最初は親に言おうと思ったんだけど、◇◇◇（習い事）のこと（自分のこと）で夜、時々喧嘩をしていて、お母さんはお父さんに暴力をふるわれていて、もうこれ以上自分のことでお母さんをかなしませたくなかった。だから言えなかった。「やめて。お願いだからやめて」毎日毎日必死で言っていた。それでもだめ。学校に行くたんびに私を待っていたのは冷たい目と暴力、そして嫌がらせ。でも友達（女の子）が「○○だいじょうぶ」と心配してくれた。やっと学校生活に光が見えた。と思った時、「おまえら○○のことをかばって、ただですむと思うなよ」と、今度は友達みんなに脅してきた。これも私への嫌がらせ。「○○から離れれば許してやる。もし離れないでかばったら、○○と同じ目に遭わせてやるからな」友達はみんな離れた。毎日家に帰れば涙。自分は何のために生きているのだろう。自分がいなくなっても、かなしむ人なんかいない。むしろ喜び。毎日こんな事を思っていて死にたいと思ったこともある。いじめ、それは人を死に追いやったりもする。いじめ、それは人の体を傷つける。いじめ、それは、人の気持ちを無視する。いじめは人の心を傷つけ、笑顔をなくさせ、自分だけの楽しみ、笑い、人の心を踏みにじる。「やめて」と言っているのを楽しむ。何か意味があるのか。人、一人でもくるしんでいるのに、見て見ぬふりをしている人を見ると悔しい。何で何も言わない。何で助けない。でも、そんなことを思ってもいじめがなくなることはない。いじめは終わりのない哀しみ。だからいじめは、人のことを考えたことのない人がやるバカな事だと思う。

頭をハンマーで殴られたような思いがしました。以前のこととはいえ、こんなにも苦しんでいたんだという思いが沸々とわいてきます。

いじめの始まりは、ある男の子が肩に手を当て、「汚い」と言ったそれだけでした。「見て見ぬふりをしている人……何で何も言わない。何で助けない」という衝撃的な叫びが、「見ている人はいじめている人よりも悪い」と言うYさんの言葉と重なります。

ビデオの中のYさんの姿は、この子に力を与えたのでした。言えなかったことを書こうと自らが心の底から勇気を引き出したのです。

又、最初に「いじめられてしまう何か原因がある」と書いた子は、「見て見ぬふりではなく、自分もいじめられている場に入って、仲間として側にいなくてはいけないのだ」と書きました。

一方「……私はおくびょうだ。だからいじめを見た時、自分はちゃんと『やめなよ』と言えるだろうか。きれい事を言って、いざとなっては逃げてしまうのではないか。……でもそれは思っているだけじゃ何の役にもならない。助けてあげないと。不安だ。私は助けてあげられるだろうか。力になれるだろうか。見て見ぬふりなんてしないだろうか」と複雑な思いを書いた女の子もいます。「そんなに自分を追い込まなくても良いよ」と、言葉をかけたくもなりますが、この揺れる気持ちは本心であり純粋なだけに「そこが何より肝心だよね、自分に何ができるか知恵を働かせたいね」と言葉を書き込んでみました。こう書いた子自身が、それでも、勇気をふるい、知恵を絞って、いじめを止めなければならないことを感じているのだとは思います。そして、それをぎりぎりの所で自分に問うているのです。

Yさんは、「……この問題は体験しなくちゃ分かるはずがない。……この問題に答えはないけれど、私はこの体験を活かして、人が傷ついている時、見て見ぬふりなんかせずに、そっと手をさしのべてあげなければならないことを学んだ」と書きました。

一人ひとりが自分と真剣に向き合った証が随所に見られる感想文を、子どもたちはお互いに読み合いました。友達の率直な気持ちを知ることが第一歩なのだと思います。この取り組みを通し、悩んだり、問い返したり、そして、他者の痛みを考えてみたことが何よりも大切なのだと思いました。勿論これでいじめの全てを考えたのではありません。表面に現れない陰湿なものもあると聞きます。決して人ごとではなく、子どもの問題だけでもなく、大人が、人間としての生き方が問われているのです。

最後に

記事の切り抜き・書き込み・話し合いは、「討論会」へと展開しました。「自分の存在を消す・巻き込まれからの逃避」という、その時々を必死で生きている子どもたちの姿は痛々しくも哀しい姿を現しました。心のない「消えろ」・「死ね」・「うざい」という言葉には人間性を破壊する魔性の力があります。人のかなしむ姿を見て自らを満足させるという根源的な悪を押さえ込まなければなりません。ちょっとした仕草、感じ方の違い、趣味や趣向の違いを騒ぎ立てるエネルギーを方向転換させなければなりません。差異へのこだわり・無関心さは人間を分断させるのです。

勿論、暴力は言語道断、あってはならないことです。

私は、いじめは百パーセントいじめる方が悪いと思っています。いじめられる方にも問題があるなどとは本末転倒。人の心の痛みを知る子どもたちを育てなければならない。「いけないことをいけない」と言える正義の連帯の絆を強めなければなりません。とても難しく大きな問題ですが、悪の背景を教師が先頭に立って断ち切らなくてはならないのです。

しかし、それでも子どもたちには、人間の持つ優しさや豊かさを追い求めてもらいたいと思います。いじめられた人間が、別の人間をいじめるという実態を聴くと、ゆがんだ社会の構造や人間性のねじれを感じてならないのです。

「みんなちがってみんないい」という金子みすゞの「わたしと小鳥とすずと」の詩を多くの人が引用しますが、誰かが違ったことをやると「自分勝手な人だ。協力ができない人」と烙印を押すことは、私たち大人社会の日常にもよく見られます。人に烙印を押すことが、どうも人間は好きなようです。差異を認められないのでしょう。挙げ句の果てには「みんながそう言ってる」等という話も聞こえます。事実と全く違う個人の意見を言い、自分の非力さの憂さ晴らしをしているのですが、本人も周りもそのことに全く気づいていない。又は、知らぬふりをしている。大人社会の歪みは鏡に映されたようにして子どもの生活に跳ね返るのです。

私は研究の仲間と「人間はすばらしい」(椋鳩十 著)の教材化に四月から取り組んでいました。それを、一学期の終業式の後、行いました。子どもの心の叫びを聞いたのだから、子どもたちの響き合いを生み出す学びを創造しなければならないと思ったからです。

水泳指導

二〇〇六年の夏、私はとても美しい子どもの表情を見ていました。子どもたちは正直です。今までできなかったことができるようになった時、自分が仲間から認められ必要とされていると実感できた時など、本当にキラキラと輝き、生きているのが楽しくて嬉しくて仕方ないという表情をします。このような表情は喩えようがないほど美しいものです。こんな時、教師であることを心から感謝したい気持ちになります。

Yさんは水泳が苦手でした。五年生の時、一緒に泳ごうと誘ったのですが、その時は夏休みになると田舎へ帰ってしまい練習できませんでした。でも帰って来たらびっくりしたのです。一学期の終わりには水に顔がつけられなかったM君や五メートルしか泳げないのに「泳げる」と言い張っていたK君達が、二学期の初めのプールの時間には十五メートル以上泳いでいたのですから。

特にM君は全く泳げませんでした。しかし、夏休みを利用し、一日二時間を四日間練習したら十二〜三メートルは泳げるようになり、K君も十五メートル位は進むようになったのです。

この二人のお母さんからは、「今までプールになど行かなかったのに、今は友達と進んでプールに行くようになりました」とか、「水の中でぐんぐん進んでいる様子が分かり、子どももとっても喜んでいます」と有難い言葉をいただきました。泳げなかった子が友達と進んでプールへ出かけ練習するようになれば、私の出番はありません。この二人の水泳指導の時も研究会の仲間六人が見に来ていたので、みんなで拍手喝采でした。

その事情を五年生の夏休み明けに知ったYさんは、「自分も六年生になったら必ず泳げるようになる」「先生と一緒に練習しよう」と決意し、夏休みは田舎に帰る予定を立てなかったのです。

Yさんにも一日二時間を四日間やろうと言い、目標は二十五メートルを泳ぐことにしました。

最初はけのびして五メートル位しか進みません。けのびして五メートルということは、面かぶりでのクロールで呼吸を一回すれば立ち上がってしまうということです。それでも水には潜れるのでM君の場合よりは楽に十二～三メートル位は泳げるようになりました。しかし、そこからが何度やっても水を飲んでしまい途中で立ってしまうのです。それは上半身に力が入りすぎ、呼吸する時、頭が起きてしまい、そのため下半身が水中に沈みそこでバランスを崩し水を飲んでしまうのでした。でもこんなことを子どもに説明しても、子どもにはどうすることもできないのです。「ここが悪いんだよ」と指摘しても、言葉だけでは直せません。

五年生の時、泳げるようになったK君が連日一緒にプールに入り、「呼吸・足を強く」等と、大きな声で励ましてくれました。「変わったな、この子」という嬉しい実態を肌で感じました。学校での研究の仲間（若手の教師）も一緒の水泳指導です。

結果から言うと、Yさんは四日目に二十五メートルを四度泳ぎ切りました。

その時の顔は本当に晴れやかでした。嬉しくて嬉しくて何度も「有難うございました」と繰り返していた笑顔が忘れられません。

言葉ではなかなか伝わらないと思いますが、私がしたことを記しておきます。もっと効率のよい指導法があったらぜひ教えていただきたいとも願います。

一日目

プールサイドで「息を大きく吐いてから吸い、止める」ことを話し反復しました。M君の場合は水に顔をつけられなかったので、バケツに水を入れ、頭からゆっくりかけることから始めました。シャワーに向かって正対し、息を止めるのも一つの方法だと思いますが、教師は子どもの顔をしっかり見られる場所にいるのが良いと思います。息を止めるところからの始まりです。それができれば、水中で教師が足を大きく開き、その間をくぐらせます。プールの壁をけって少しでもけのびができるようになれば、体を伸ばして足の間をくぐらせます。水に慣れ潜れることが大切なのです。Yさんはそれができていたので、息継ぎから始めたのです。（画像①）息継ぎでは大きな声で「パッ」と言わせます。時には教師が頭に手を添えて、呼吸を繰り返し練習します。連続して、すぐに頭を水の中に入れます。教師の方は子どもに合わせ「ブクブクブク、パッ」と大声で補助します。休みを入れながら、二十五メートルを何度も歩きながら呼吸の練習をするのです。教師が「ブクブクブク」と言っている時に、子どもは鼻から息を出すのですが、顔を上げたらすぐ「パッ」の声を出させます。声が弱かったり長かったりすると口に水が入り飲んでしま

①1日目・2日目　歩きながら呼吸を繰り返している。

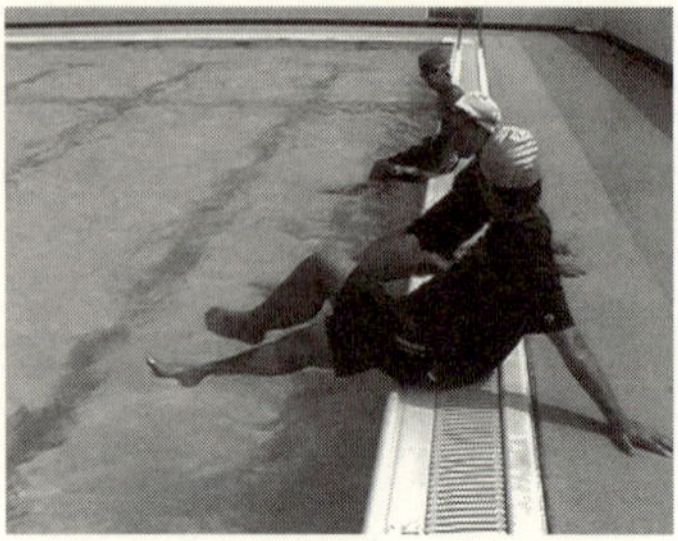

②2日目　バタ足で抵抗が強いキックを探す。

います。息をしっかりと吐き出すことがポイントです。けのびの状態でも意識して鼻から息を出すことを言います。

二日目

キックの練習も取り入れます。（画像②勿論最初の日から取り組んで良いのです。ここでは指導のポイントという意味でお読みください）足首を柔らかく保ちながら、親指がぶつかる程度に足を打ち、大きく遠くへ蹴り上げさせ抵抗感の強いバタ足を探したり確かめさせたりします。また、ビート板を使ったり、壁を蹴ってバタ足だけで進ませたりもします。勿論、近代泳法のクロールは上半身の動き、とりわけ両腕のかきで推進力を生み出します。二日目もフォームのことを話し、面かぶりクロールの練習をします。次は、教師の手のひらにタッチさせながらのクロールをします。（画像③）この時教師は少し手を引っぱってあげるようにすると、進むことが体感できるようです。教師の手のひらが子どもの体重をいくらか受けるので、呼吸の練習にもなります。この他にもイルカとびやビート板を抱えての背浮き等、変化に富む練習も

③1日目・2日目・3日目　教師の手のひらに手を乗せ、呼吸をしやすくし、体を浮かしながら泳ぐ。

④2日目・3日目　ビート板を腰に巻き自力で泳ぐ。

考えておかないと、一つのことの繰り返しでは子どもも参ってしまいます。

三日目（二日目からもやりますが）

今度は呼吸を続かせることに取り組みます。（同じく画像③）教師の手のひらにタッチし、息を吸う時「パッ」と言わせます。息を吸うことを考えなくても、大きな声で「パッ」と言えば反射的に空気は入ります。ゴーグルを使っていますから、水中では目を開けさせ、教師の手を追いかけ泳ぐように話します。腕で水をかきながら、かき終わった手（手の位置は大腿部の横）に目を向けさせ、大きな声で「パッ」と言わせるのです。勿論、子どもが呼吸しやすい方で息をして良いのです。これを繰り返しますが、子どもに泳力がついてくると、教師は後ろへ歩いているわけですから、しかも、プールの底が滑ることが多いのと合わせ、体力が必要です。

足が沈んでしまうのがYさんの課題でした。ビート板を半分に切り（研究の仲間が買って来てくれました）、それに穴を空け、ひもを通し、子どもの体（時には腹と背中へ、最後

⑤４日目 教師の手のひらを目標に追いかけるように泳ぐ。

⑥４日目　初めて 25 メートルを泳ぎ切る。水を飲まなかったのが勝因と言った。

は背中だけ）に縛りました。（画像④）下半身が浮くとスムーズに泳げました。

指先から入水し腕全体で大腿部まで水をかききることを話し、トライするしかありません。本来ならSの字を書くように腕でかき、お腹の下へ水をかき入れるのでしょうが、最初は腕でプールの床を触るくらいにかき（画像⑤）、そして、肘から腕を抜く練習を繰り返します。子どもは教師の手を目標に追いかけてきます。段々と教師の手のひらにタッチする回数を減らします。最後には子どもから一メートルは離れ、手のひらにはタッチしないで、手を伸ばして触る目標にします。その時も教師は「パッ」と声をかけ、呼吸を継続させる補助をするのです。

少しずつ距離が伸びたら最大限に褒め、ゆっくりと息を整えながらまた繰り返し練習します。

四日目

特に三日目の繰り返しをします。肘を高くし腕の回転をスムーズにすることや、顔を持ち上げないことなど、気が付いたことは話します。Yさんは四日目に二十五メートルを四回泳ぎ切りました。（画像⑥）水中で息をしっかり吐き、「パッ」と声を出すことはとても大切です。「水を一回も飲まなかった」というのが、Yさんの第一声でした。

手のひらにわずかな隙間を作り、手は遠くまで伸ばして水をつかむ。それから、腕全体で体を引き寄せ、かいた水を後ろへ押し出すようにかききる。そして、最初のように、腕を伸ばす状態にする。簡単なようですが、実践に移すと子どもたちの実態に合わせながら取り組むわけですから、細々したところでの課題は出てきます。しかしこのような指導法で今まで泳げなかった子は全員泳げるようになっています。

私自身も中学校・高校と水泳をやっていましたが、子どもに指導するとなると「一人ひとりの実態にあった言葉がけ・方法」を考えなければならないことを学びました。専門家の方はもっと合理的な指導法をお持ちなのでしょうが、学校現場の教師も色々と実践を積み重ねることが大事なのだと思います。

とにかくYさんも四日間で泳げて良かったという安堵の気持ちがありました。三日目、四日目は研究の仲間が録ったビデオテープを職員室脇の部屋で見ながら、子どもと一緒にアイスを食べていたのです。おまけの当たり棒が出たのも良い思い出です。

突然、そんなYさんが二学期の初めに宮城県に引っ越すことになりました。急な話で驚きましたが、泳げるようになった夏休みはとても楽しかったのでしょう。お母さんと一緒に転校の話をしていても、日焼けした笑顔がその後何度もプールに行ったことを物語っており、別れを癒してくれました。

卒業式の日の再会

そのYさんが二〇〇七年三月二十日に石川小に来たのです。それも一人で。この日は卒業式の日です。Yさんの小学校は前日が卒業式で、その日の夜行便（バス）で神奈川の藤沢まで来たのです。仲間との再会、そして、保護者席に入っての卒業式参加。輝くほどの笑顔で、仲間の一人ひとりが卒業証書を受け取る姿を見つめていたのです。

版画制作

これは四年生（石川小）で取り組んだ「友達の顔」の版画です。二人一組になってお互いの顔を描き、それを版画にしたものです。目元や鼻筋、指の曲がり具合や指と指の間の影等が注意深く観察され、丁寧に彫られているのがよく分かります。

初めて彫刻刀を使うのですから、刀の使い方や彫りの深や浅さに課題も感じますが、子どもたちは大満足でした。

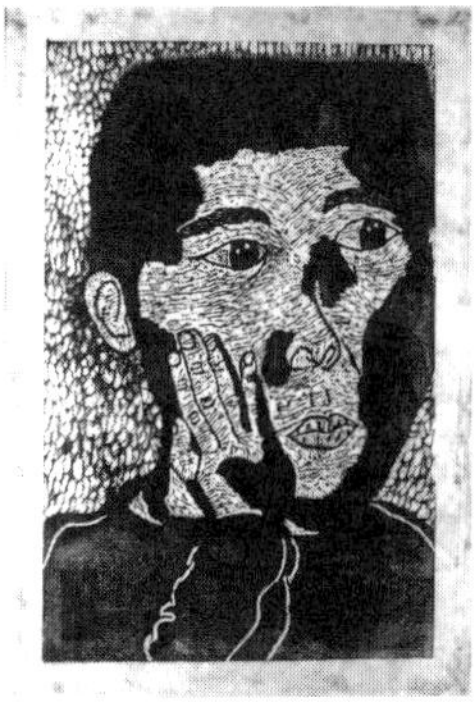

6年生の時「自画像」　4年生の時「友達の顔」

子どもの成長はすごいものだとつくづく思います。上の版画は同じ女の子（上段）と同じ男の子（下段）の四年生と六年生の時の作品です。（版画板は両方とも縦四十五センチ、横三十センチです）

二〇〇六年九月中旬から十月下旬の取り組みです。

十一月下旬。教室の壁面は子どもたちの自画像で埋め尽くされました。一枚は水彩画、もう一枚は版画です。版画が終わってから、水彩画に取り組みました。卒業式の会場には子どもたちの自画像が展示されます。それを見据えて早めに自画像の制作に取り組んだのです。

次の頁の写真は友達の作品に対し感想を書いているところです。

水彩画の周りには彫刻刀で彫った額縁が印刷されています。

版画と水彩画を並べると同じ構図の絵でも、表現方法の違いによる作品の味わいが学べます。

制作過程の紹介

この取り組みではデジカメを使いました。鏡で見ながら線描していくこともありますが、上目遣いや斜めの角度、めがねを外す動作などはなかなか難しいと感じていたことからの方法です。一人ひとりの子どもたちの顔を写し、それを見ながら自分の顔を四つ切り画用紙に鉛筆で描いていきました。画用紙には版画板の外枠が線でひかれています。

デジカメで撮った子どもの顔はプリントアウトする時に白黒で印刷します。

①鉛筆で描いた線の中から一本の線を選び、サインペンではっきり描きます。

②トレッシングペーパーに写し、版木にカーボン紙を敷き裏表反対にして写します。版木に写された線をマジックの太い線でなぞり、指の間や鼻筋、唇の線や陰影をマジックで黒く描きます。

③彫り終わったら一度印刷してみて、子ども自身に光の当たり具合を考えさせることが大切です。ほお骨や鼻筋など深く彫ることで立体感が

①

②

③

④

⑤

出ることを知らせます。

④額づくり……教材関係の業者に相談し、大きめの版画板を幅五センチメートルで切ってきてもらいました。上下二組、二人一組で図案を考え、下絵を描かいてから彫り始めます。四枚の枠を接着剤でつけ額縁の完成です。

⑤額の中に自画像の版木を入れ、一緒に印刷して完成です。

次の作品も額・目・頬・脣・手・腕などを深く彫ったことによって立体感が表現されています。

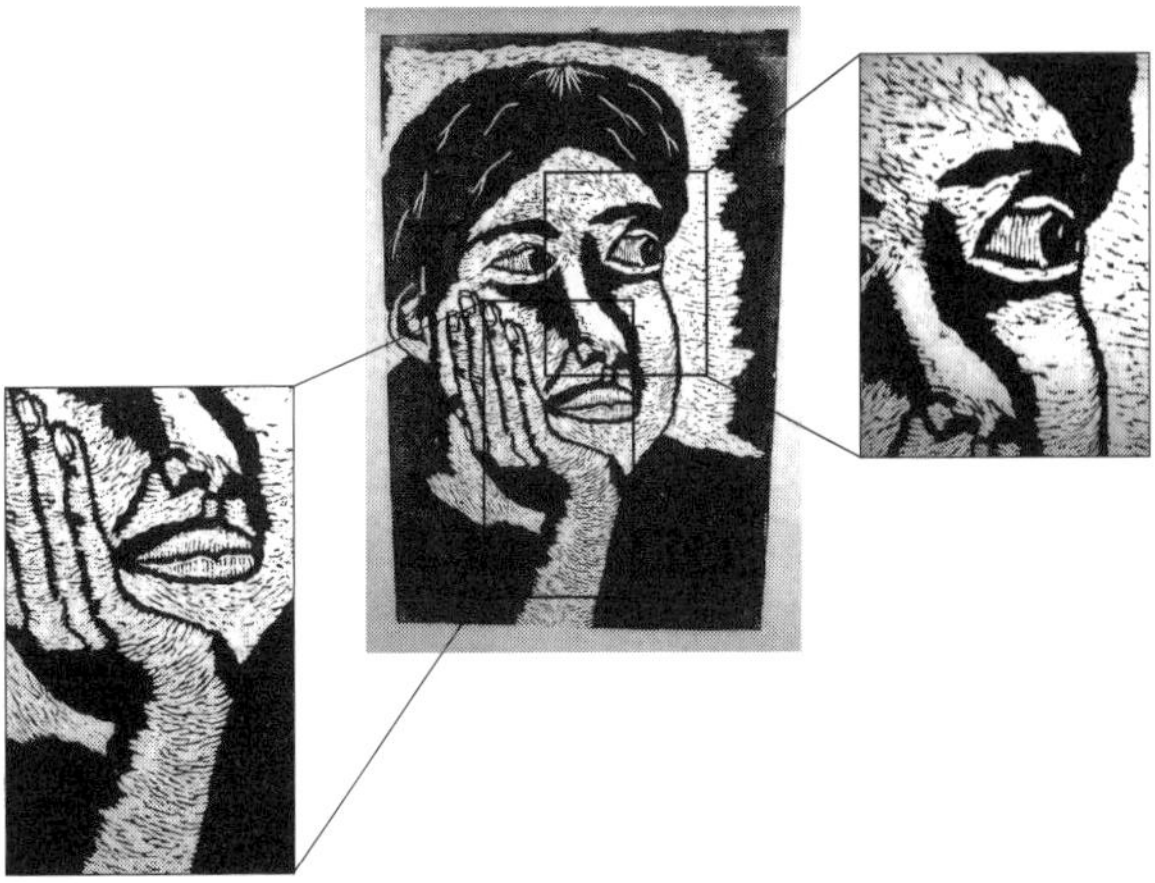

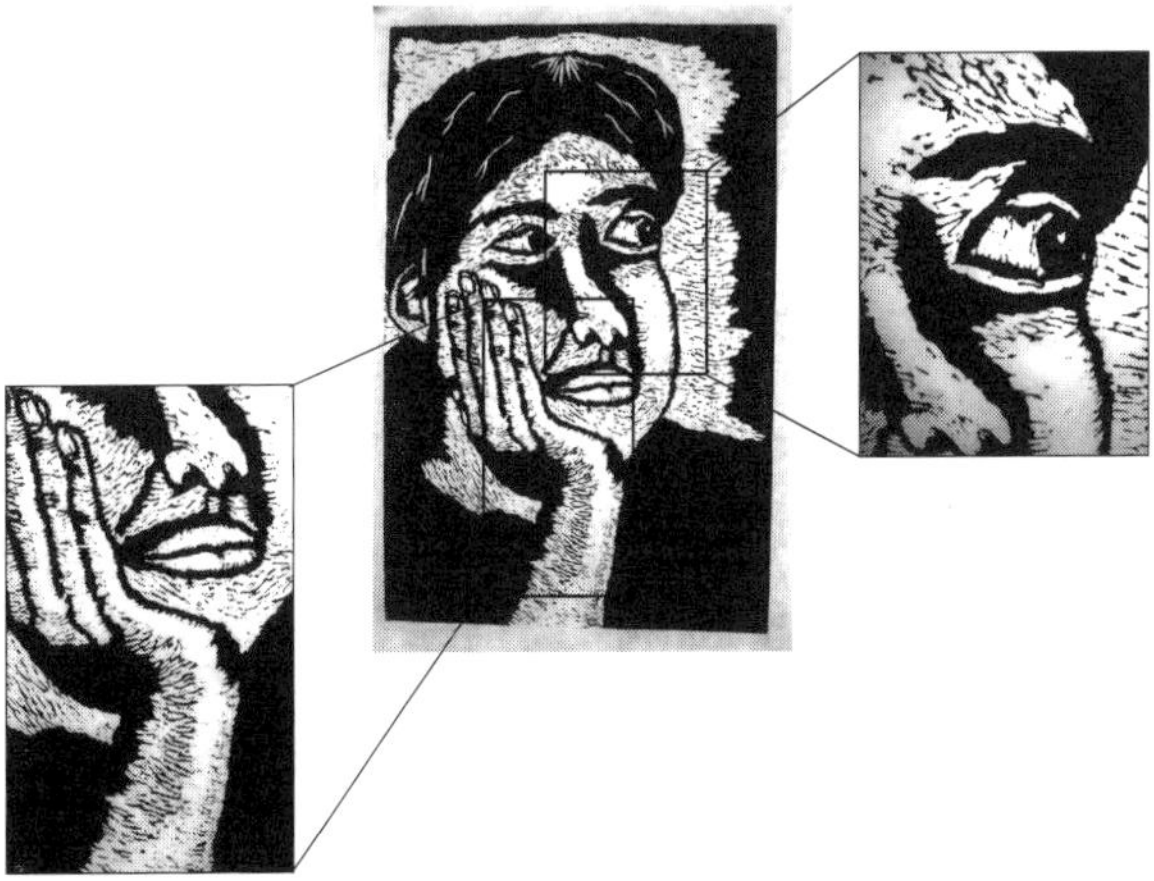

子どもたちの作品から

授業「海の命」

二〇〇六年十一月二十七日、私は藤沢市小学校教育研究会国語部で「海の命」の授業を公開しました。これは、先に述べたように藤岡完治先生が亡くなられたことを受けて、いつの日にか機会を見つけ授業を公開しようと思っていたことによりますが、もう一方では、「授業の可能性」なり「学び合うことの高まり」と言ったものが、日常的に形骸化していると感じたことにもよります。つまり「教える・教えられる」「指示する・指示される」という授業に対する疑問です。百の教育論を語っても無意味です。実践を示すことが大切で「授業を見て何かを感じた人が自らの授業を振り返り、子どもたちの学びに自分も真っ向から挑む」、そのことを願って取り組んだのです。

この授業の参観者には次のような「教材の読み取り・指導案」を配りました。

「海の命」私の読み取り

立松和平氏の「いのち」の三部作の一つ「海の命」には不思議な魅力がある。それは、太一という少年の純粋な生き方への好感からであり、レトリックによる風景描写の心地よい味わいからでもある。周知のように「海の命」は、絵本「海のいのち」を原点としている。作者の言葉には「文章を読むだけでも物語の時間経過が読者に伝わるように、原典にない一行空きを加えたり、若干の言葉を補った」とあるが、叙述の少なさからか、それでも客観的な事実の積み重ねによる内容把握には多少の戸惑いを感じる。

この物語は、語り手がいわゆる三人称で語っているが、最初から太一に寄り添い、太一の感情そのものとして話を展開している。故に、事実がどうであったかより、太一の受け止め（主観）に寄り添って出来事を読み味わっていくしかないのかも知れない。

一方、「海の命」には命の連続性、連関性と言ったテーマが読み取れる。それは、あらゆる命は一つだけが独立して存在するのではなく、互いに寄りかかりながら、悠久の時間の中で現れては消え・消えては現れ、そこに住む人間も又自然の摂理に従い生きていくのが良いという主張である。勿論このことを露骨に語ってはいない。

少年太一はまだ漁師ではない。だから漁のことも海のことも知らないはずだ。しかし、「海のどんな表情でも好き」との叙述から、海を「命あるもの・生きもの」として感じ取っている。荒れ狂う海や凍てつく海の表情さえも好きだとなれば、それは父の生きる姿を通して、海への子ども心の憧れと解釈できる。しかし、二メートルもあるクエをしとめても不良の日が続いても「少しも変わらぬ」父の「海の恵みだからな」という言葉の意味を太一は理解してはいない。ただ、目の前の父は誰よりも強く逞しく、自慢であり目標であった。太一の父も、その又父も、同じようにそれぞれの父に学び成長してきたのだ。

そんな父が「ロープを体にまいたまま」水中でことされた。自らの意志と判断と全身の力を使い切り戦った証である。ロープが絡まり逃げられなかったのではない。後戻りしない意志の強さの現れであり、クエと真っ向からの命のやりとりだったことを意味している。そんな父の死は、太一に漁師になる決意を更に強くさせたに違いない。

太一が与吉じいさに弟子入りしたのは中学三年生の時である。父が死んだ流れの速い瀬で与吉じいさが漁をしていたからだ。太一は与吉じいさを自分の師に選んだのである。与吉じいさは太一に「つり糸にえさを付け……つり針を外す仕事ばかり」をさせた。太一に教えることは海で生きる人間のこころだった。それは父の言った「海のめぐみ」であり、与吉じいさの言う「千びきに一ぴきでいい」という言葉の中身である。「タイを二十ぴき……もう道具を片付けた」との日々、与吉じいさを太一はどんな気持ちで見ていただろう。早く漁を覚えたいという焦りはなかったのだろうか。具体的な叙述はない。ただ、太一の心は与吉じいさから全てを学ぶことに揺るぎのない意志があったのだろう。そしてそれは、太一が父から受け継いだ、不漁の日が続いても愚痴一つ言わぬ生き方に通じるものでもある。その日々での「タイを二十ぴき」は、与吉じいさや太一が食べ、生活するのに必要・十分な数であることも分かってきたはずだ。

太一は与吉じいさの生き方を通し、父の言葉「海のめぐみ」も命に刻んだに違いない。与吉じいさは父親と同じなのだ。弟子入りに来た頃から比べれば太一は心身ともに逞しく成長している。与吉じいさはもう太一に教えることはない。「自分では気が付かないだろうが……」と言わせるほど、太一はひたむきで謙虚な毎日だった。それは、出会いの時と変わりのない生き方を続けていたのだろう。与吉じいさが伝えたかったことを太一は間違いなく受け止めている。その思いが「おまえは村一番の漁師だよ」という言葉になる。不必要に魚を獲ることはない、海のめぐみに感謝し、海に生きる生き物の命を大切にする気持ちを持てたから「ここはおまえの海だ」と言ったのだ。

「与吉じいさは……ねむっていた」それを見て「太一はすべてをさとった」とは何か。ただ、与吉じいさが死んでいることをなのか。それなら「すべて」ではなく、「与吉じいさが死んでいるのを」である。しかも、「さとった」ではなく「分かった」である。ここに五場面の布石を読まなければ、太一の成長や行動は余りにも平坦で予定調和的にすぎる。

太一は与吉じいさから漁の技術や漁師としての生き方を学んできた。父に代わって全てを教えてくれた人間が、今、目の前で死という厳粛な姿を示している。その姿を太一は「与吉じいさが死んだ」というのではなく、海に生まれ、海で育った漁師に「海に帰りましたか」と言い、生命の源というべきものを海として受け止めた。それは命が終わり、又、海に生まれてくる永遠的なもの・命の在り方そのものを感じ取った故に「さとった」と書かれている。「すべて」とは、与吉じいさの「千びきに一ぴきでいい」、太一の父が言った「海のめぐみだから」の言葉も含むのだろう。与吉じいさは自らの死を通して、命への畏敬の念を教えたとも読める。命には終わりがあり、それは自然な姿で終わることが良いことを示しているようにも太一には思えた。だから「今の太一は自然な気持ちで」与吉じいさの死を受け止められたのだ。

ある日の母が「おまえの心の中が見えるようで」と言う。太一の「心の中」には、父を敗ったクエとの戦いが息づいている。クエを仕留めることは太一の変わらざる意志なのだが、しかしそれは、復讐とか仇討ちといったものではなくなっている。「あらしをもはね返す屈強の若者」と表現するほど太一の成長は逞しい。それは母も認めるところだろう。しかし、母には命を失った父の姿が太一に重なるのだ。太一はそんな母の思いを知った時、母のかなしみを黙って受け止める人間へと成長していく。

しかし後には戻れない。ついに父が死んだ瀬に潜る時が来た。太一はこの瀬の美しさと厳かな姿を初めて体験する。「海草のゆれる穴のおく」にとは、一つひとつの行動が注意深く慎重な様子であったことを表している。その日々の中に「夢は実現する」ものなのだとの叙述がある。これは偶然を意味しているのではない。太一の意志の強さを示す必然である。

「青い宝石の目を見た」「もりをさして」「息を吸ってもどる」との叙述から、太一の敏速なそして冷静な行動が伝わってくる。太一の経験と直感から体が反応したとも言える。与吉じいさから「村一番の漁師」と言われた太一の行動はその言葉通り沈着である。比喩が多用され、太一の目を通した書かれ方が、クエとの距離の近さを感じさせ、目の前に対峙しているという臨場感を味わわせる。更には、その細かい観察が、読む者に太一の落ち着きをも感じさせている。

「刃物のような歯が並んだ」「岩そのものが魚」そして、「父を破った瀬の主」に対しうかつには動けない。「動こうとはしない」クエは、太一にとって経験したことのない魚なのだ。太一は緊張の糸が張り巡らされた時間を受け止めている。

短いのだが長く感じる時間、緊張の時間は止まっても感じたのだろう。

再び息を吸い込んだ太一の見たものは、微動だにしない瀬の主だった。太一は自分を見ているクエを改めて見た。何も変わってはいないクエの目の印象は、先ほどとは違う。この緊迫した場面で必死になり戦っている自分と、海底で悠然と生きている瀬の主の違いを、即座に「おだやかな目だった」と思えた太一には、精神性の深まり、与吉じいさに学んだ漁師としての成長がある。

同時にそれは葛藤を生じさせた。少年の頃から追い求めてきたクエ、父を破ったクエを倒したいとの思いは太一の心の柱である。しかし、与吉じいさから学んだ漁師としての生き方、目の前にいる動こうとはしない瀬の主からは、新たな感情の表出を覚えた。

太一はじっとクエの目を見ていたに違いない。太一の心の中にクエを殺してはならないという感情が生まれたのだろう。父を倒したクエを獲ることで「本当の一人前の漁師」になれるという思いは、「クエを殺さないことが父や与吉じいさの生き方、そして、自分が今まで学んだことの自然な帰結なのだ」と命の中から感じた。太一はクエの「おだやかな目」の中にこの瀬に生きている命を奪うことの無意味さを知る。それは、与吉じいさの言葉であり、父の言葉にも通じる。

太一は心から納得してクエに向かう。クエの姿は何も変わらぬ姿であり、自然に生きている命そのものであり、つまり、それは父の生き方そのものであったことを知る。太一は、父の存在を確認できた。それが「おとう、ここにおられたのですか」の内容であり「大魚はこの海の命」だと思えた心の表れなのだ。

授業者としての主張

授業という具体を通して、私達授業者は専門家としての力量を形成する。授業を通して子どもの可能性を引き出せるから専門家なのだとも言える。しかし、それは、「教える・教えられる」、「与える・与えられる」という二元論的な関係・形態ではない。旧来の授業から脱却し、子どもたちを共に学ぶ仲間へ・響き合う仲間へと高めていく責任が教師にはある。それは、教師自らが変わることを前提としている。「教師が変わる・子どもが変わる」とは、優れた先人の言葉でもある。

「学び合う」という学びは、個々の差異を乗り越え、重なり合う思考の大切さ、友達の素晴らしさをも体得する子どもの成長を育む。昨今、このような願いは各地の研究会でも発表されている。その様な学び（授業）を中核として子どもに接し、子どもから学び、子どもに感動し、教師は専門家としての力量を高める。教師は「学び合う」という学びの具体の中で、日常の子どもの様々な問題を解決していく。話が聞けるクラスになったから授業ができるのではない。話ができ・話を聞けるクラスを授業で創るのである。

本時の目標

父を越えようとする気持ちと「おだやかな目」の大魚の様子からもりを打てなくなる太一の葛藤、そして、その大魚を「おとう」と呼び海の命だと思えた心情を読み取ることができる。

授業展開

このような指導案を書くのは、展開の核、発問の具体性など、教材を深く考える力を付けるため、また、学ぶ主体である子どもの理解・葛藤・認識などを見つめる力を養うための重要な取り組みだと考える。

かつての群馬県島小学校や境小学校の指導案の形式である。

展開の核 ◆は主たる発問 ○は補助又は発問群	子どもの可能性	到達点	予想される難関
◆「興奮していながら、太一は冷静だった。」どうして太一は、興奮していながら冷静だったのか？ ○「冷静だった」と書かれている。「冷静になった」とはどう違うか？ ○太一は自分に（冷静に）と言い聞かせた	・与吉じいさから学んだことやその後の漁の体験で、自然のうちに冷静になれた。 ・与吉じいさに、村一番の漁師と言われたのだから冷静だった。 ・探し求めていたクエに遭ったのだから、太一は心が躍った。でも、「砂にもりをさして」と、すぐに行動しているか	・太一は「父を破った瀬の主」を見てはいない。これまでの太一の全てをかけて追い求めてきたのだから、目の前の大魚がまさしくそれなのかどうかを詳しく観察している。 ・村一番の漁師であった父を破った魚なら、そう簡単には手を出せない。	・クエに対する描写は詳しい。詳しく書かれているだけに、太一が冷静であったことを読み取らなければならない。 ・詳しく分かれば分かるほど太一の興奮は増したのだろう。しかし、漁師としての知識や知恵、更には今までの経験が相まって、相手を冷静に

のだろうか？

◆「クエは動こうとはしない」と、「瀬の主は全く動こうとはせずに太一を見ていた」を比べて、見ている太一に変化があったのか？

ら、自然に行動できた。

・本当にこれが探し求めていたクエなのかを観察しなければならなかったから。

・最初は「もりを突きだす」だから、クエをつこうとしていた。二度目のは、時間が過ぎているから、少し余裕が出てきた。

・最初はクエの様子を見ているが、二度目

・外観からは今までに出会ったことのない巨大なクエである。

・太一の行動も今までにない位に慎重だ。

・太一の行動から、心の中では自然な声として（冷静に）と自分に語っても不思議ではない。

・「刃物のような歯、村一番の漁師だった父を破ったクエである。太一は慎重にもりを突き出しクエの反応を見ている。

・この時クエが動けば太一は即座にもり

分析していることを意味する。ましてや、父を破った瀬の主である。

・語り手が太一に寄り添っていればいるほど、太一自身を見つめる視点・描写が少なくなる。太一の心の有り様を読み取るには困難さが感じられる。自由な発想はいくらでもできるのだが……。

・表面的に読んでしまえば「クエ」と「瀬の主」の表記の違いや「動こうとしない」や「全く動こうとしない」を読み落としてしまうだろう。語り手は主語を明確

○「クエ」と「瀬の主」と書かれているが、ここには違いがあるのだろうか？

○「おだやかな目だった」と書いてあるが、最初はおだやかではなかったのだろうか？

◆なぜクエを殺さなかったのだろうか？

では「全く」だから、最初より動きがない。それを見て「どうしてだろう」という疑問が湧いてきた。

・最初はクエで、二度目には瀬の主と書いてある。二度目はどっしりしていて、おだやかな目も見られた。おだやかな目を見ていて、太一の気持ちに「殺して良いのか？」と疑問が出た。

・殺そうと思っているのに殺せない気持ち。

・やっと出会った瀬の主なのに目を見ていると自分の心と体が動かない。

を撃っただろう。どちらかが命を落とす戦いになったはずだ。そのくらいの緊張の瞬間だった。

・息を吸って戻った時、そこに見たクエはさっきと同様動いていない。しかも「瀬の主」と書いてあるように、堂々とした様子で、まるで何事もないように「全く」動かない、あるがままの姿なのだ。

・同時に「おだやかな目」からは、戦う気概など全く感じられない生き物なのだ。

・自然体で生き、やがては死ぬクエと、今

にし第三者としての書き方をしている。つまり太一の様子を描いているのだ。

・結果として「おだやかな目」に気づくことがこの場面の展開を一気に加速させている。

・『「おだやかな目」に太一が気づいた事』を読み取ることは難しいかも知れないが「おだやかな目」から、太一が何かを感じたことは、考えられるだろう。

・なぜクエが動かないのかは全く分からない。その時クエは何を考えていたかも語り手は語らないのだから、分かりようが

	・クエの目を見ていると、おとうのことが思い出された。 ・クエの堂々として様子やおだやかな目が、死んだおとうと同じだった。	殺すことで本物の漁師になれると思っている太一の気持ちがぶつかる。	ない。問題にはできないのだ。 ・「海のめぐみ」「千びきに一ぴき」の言葉の意味を熟知し実行しているが、目の前のクエは太一の目標だった。
○太一が思う「本当の一人前の漁師」とはどんな漁師なのか?	・おとうを倒したクエを打ち破る漁師。 ・父の言葉の意味を知り、海の生き物の命を大切にする漁師として生きる。	・クエを殺す事が本当の漁師なのか、父を超えたい気持ちの強さは、「海のめぐみ」という言葉や父、与吉じいさの存在感で、もう一歩高い精神性へ向かう。	・「海の命」という題名が出てくる。言葉で表すと通俗的になるかも知れない。「海の命とは何か」と問うよりも、瀬の主を殺さなかった太一の行動から、言葉の響き・余韻を味わわせたい。
○父や与吉じいさの言葉と、太一が思う本当の漁師の違いは?	・海の命を考える漁師。	・クエだけでなく太一自身も救われる結果となる。復讐や仇討ちでは決してない。	

◆

以上のような指導案（勿論指導計画も書いて）を出し、「海の命」の五場面を授業しました。

五場面とは、次の内容です。

興奮していながら、太一は冷静だった。これが自分の追い求めてきたまぼろしの魚、村一番のもぐり漁師だった父を破った瀬の主なのかもしれない。太一は鼻づらに向かってもりをつき出すのだが、クエは動こうとはしない。そうしたままで時間が過ぎた。太一は永遠にここにいられるような気さえした。しかし、息が苦しくなって、またうかんでいく。

もう一度もどってきても、瀬の主は全く動こうとはせずに太一を見ていた。おだやかな目だった。この大魚は自分に殺されたがっているのだと、太一は思ったほどだった。これまで数限りなく魚を殺してきたのだが、こんな感情になったのは初めてだ。この魚をとらなければ、本当の一人前の漁師にはなれないのだと、太一は泣きそうになりながら思う。

水の中で太一はふっとほほえみ、口から銀のあぶくを出した。もりの刃先を足の方にどけ、クエに向かってもう一度えがおを作った。

「おとう、ここにおられたのですか。また会いに来ますから。」

こう思うことによって、太一は瀬の主を殺さないで済んだのだ。大魚はこの海の命だと思えた。

（光村図書　六年下）

「海の命」授業記録

（テープ起こし　森上智子）

三つの視点で考えたいと思います。というよりは、私の反省です。記述は部分的になります。
一人の女の子の読みから始まりました。それが終わると南さんが話し出しました。

南　①「おだやかな目」の意味するもの

八十一ページの一行目の「太一は瀬の主を殺さないで済んだのだ」の所に線を引いたのだけど、なんで太一は瀬の主を殺そうとしてたのに「済んだのだ」って書いたのかなって思ったの。この瀬の主を見ていると、本当は殺そうとしたんだけど、父の魂があるような「おとう、ここにおられたのですか」って書いてあるから、瀬の主がおとうに見えたってわけじゃないんだけど、でもそんなふうな感じがして、自分の考えを改めて、自分は何でこんなことしてたんだろうって思って、それで気持ちが切り替わったような感じで「済んだのだ」って書いたんだと思う。

聡　私は「本当の一人前の漁師にはなれないのだと、太一は泣きそうになりながら思う」って所と「興奮しながら太一は冷静だった」って所で、太一は二人いるんじゃないかなって思ったんだ。一人は、獲りたい、この魚を獲りたいという気持ちの太一と、あともう一人は、この

将　大魚を獲りたくないという太一がいたと思うのね。「済んだのだ」ってことは二人のうちの獲りたくないっていう方が勝ったのだと思うんだ。「おとう」って言ったのは行動とか「おだやかな目」というのがおとうに似てたんじゃないのかなって思うの。

崎　「おだやかな目だった」って書いてあるし、「この大魚は自分に殺されたがっているのだ」って書いてあるでしょう。本当は魚は殺されたがっていないのに「おだやかな目」だと、この「大魚は自分に殺されたがってる」ってわけだから、今、聡が言ったように、おだやかな目とかが父に似ていたっていうか父の面影を残していたっていうか、そんなことを太一は見ていて、おとうだってことに行き着いたんじゃないかな。

丈　太一は、このクエをもりでつけば、「本当の一人前の漁師にはなれないのだと、太一は泣きそうになりながら思う」って書いてあるから、このクエをもりでつこうとして本当の村一番の漁師になろうとしたんだけど、ぼくは将の意見なんだけど、「おだやかな目だった」とかだから父というのは、どんなに大きなクエをとっても自慢することもなくいつも冷静、決して人に自慢することもないから優しい目ってところが似てたというか、それで、殺さなくてすんだと思う。

崎　とか将の意見に賛成なんだけど、「おだやかな目」で父のぬくもりを感じたんじゃないかと思うのだけど、目を見るだけでぬくもりを感じることがあると思うんだ。そういうふうにしてクエを、クエから父のぬくもりを感じてるというか、だから殺さなかったと思うのだけど……。

早　「ぬくもり」というのがいいと思うのだけど、この「目」というのは心の窓とも言って、目を見れば、目つきとかでいろんなことが分かるから「おだやかな目」というのを、この瀬の主を父というふうに思ったんじゃなくて、この目を瀬の主と父の目を重ね合わせて勘違いみたいに思ったんじゃなくて、ただそれを同じように見てたってことなんじゃないかな。

南　さっき、早が言ったように「おだやかな目だった」って、その「おだやかな目」を見て、実際それが本当は父ではないし、父を殺したものなんだけど、でもその「おだやかな目」を見て、自分で太一は、父みたいな目をみて自分の心が入れ替わったように変わった。自分の心が改めて変わった。変えたんじゃなくて、コロッと急に変わったみたいなそんなふうな気持ちになってそれで本当は父親ではないんだけど、父と一緒のようだったというか父のように優しい目だったんじゃないかな。

小　多分太一を見つめていたっていうか、太一はこの大魚とお父さんと比べていた・重ね合わせたっていうのに私は賛成なんだけど。そう思うとクエというのはお父さんみたいな感じで、ある意味お父さんがこっちを向いているっていうか、そういうふうに思えたから、太一はクエのおだやかな目っていうか瞳というものを殺されたがっているっていうか、そういう表し方をしたんじゃないかな。

T　「おだやかな目」っていうのがとても大切な言葉のような感じがするね。最初おだやかな目って気がついていたのかな。

佐　多分気づいてなかったと思うのだけど、七十八ページに「ひとみは黒い真じゅのようだった」だから、ただ目の色だけを見てたっていうか表面だけしか見てなかったんだけど、八十ページでは「おだやかな目」って目の中を見てるっていうか、表面的じゃなくて中の奥深くを見てる。多分太一は闘争心だけだったら「おだやかな目」だとは書かないのだと思うの。見据えているじっと行動を見ているというか、そんなふうに書くと思うの。闘争心はあったんだけど、「おだやかな目」を見てるうちにお父さんを思い出していたというか、だから殺さなかったんじゃないか。

希　初めこのクエを見た時は、「目の色を青い宝石の目をみた」って書いてあったから、すごく綺麗な目だったんじゃないのかなって思うの。それは表面だけというか内側を見てないっていうか、その見た目。そういうのしか表していないんだけど、八十ページの「おだやかな目だった」って書いてあるから、青い宝石の目の後ろにある思いというか気持ちを太一は見抜いてきたんじゃないのかなって思うの。

加　最初は「青い宝石の目をみた」とか「ひとみは黒い真じゅのようだった」って表面的に見ていて、ただきれいだなみたいな感じで見ていたんだけれども、「おだやかな目だった」ってことは、あとから段々クエの内側を見てすごいおだやかな、父に似ていてやさしい感じなんだなみたいな、ただ瞳を見ていただけじゃなくて目の奥にある、目の心の中まで見たっていう感じだと思う。

出　最初は、クエの目だけしか見ていなかったんだけど、「おだやかな目だった」の前に「瀬の主は全く動こうとはせずに太一を見ていた」って書いてある。「見ていた」ってことは自分のことだけをじっと見ていた。だから太一も目を見て、すごくおだやかな目だった、父のような目だった、っていうことをクエが見ていて目を合わせ、ずっと見ていた。そういうことでおだやかな目だったってことに気がついたんじゃないかな。

伊　最初は警戒しているというか、威嚇みたいな感じで怖がってる感じに思えたんだけど、だんだん見ているうちに、おとうに見えてきたというか、おとうの目に見えてきたって感じがする。

◆

このように子どもたちが自らの思いを語り出すのは日常のことです。時に一人の子の意見に違和感があれば、「それはどういうこと？」と問い返しもします。この時間の初めでは太一の行動「殺さないで済んだ」に関わるクエの「おだやかな目」という言葉が取り上げられ、それを巡って色々な思いが語られました。**早**さんは、瀬の主と父をすぐに結び付けたのではない、瀬の主と父の目は同じだと思ったのではない、目を見ているとその「おだやかさ」に引き込まれ、ある意味で厳しく見通すようなクエの目にクエの生き様を見、そこに父を思い出し、自分の知っている父の生き方と同じものを感じていたと思うと言う。そこに共通する「ぬくもり」を感じながら、と。

一人ひとりが友達の意見に真摯に聞き入り話をつなげていきます。クエが太一を怖がっているという意見が一つ出ましたが、話の中でその子自ら「主らしくない」と判断していきます。

ここまでの話し合いではこの場面の核心部に触れていませんが、「おだやかな目」を話し合っておかなければ後半の読みが浅くなるとの思いでした。「おだやかな目」という太一の受け止めは重要で、太一の全てを変えていくことになります。太一は「おだやかな目」に何を見たのかが話されていたのだと思います。

②太一の気持ちの変化

T もう一回読んで。「興奮していながら太一は冷静だった」ってところから八十ページの七行目、八行目まで。太一の気持ちの様子・変化みたいなものをあるならある、ないならない、そういうところを考えながら聞いて、**優**さん。

優 音読。

小 なんか、「本当の一人前の漁師にはなれないのだ」というところで太一には自分は本当は今までずっと一年間もクエを追い求めていたのに、いざとなって目の前にクエが現れると何もできない自分ってのが悔しかったっていうか、何で自分からは全然一歩も動けないっていうか、何かが太一をとめているような気がして、クエを見るたびにお父さんの顔が浮かんできたのかなって思ったんだけど。自分は今まで一生懸命クエを何年もかかってやっと見つけられたのに、自分は何をしてきたんだろうっていうか自分に疑問を持っちゃうっていうか、自分をせめてるんじゃないと思うけど何でだろうっていう自分がいたりしたんじゃないかなって思う。

早 **聡**がさっき、自分の中に二人の自分がいるみたいなことを言っていたでしょう。私もそう思うんだけど、片方ではずっと中学卒業してから嵐さえもはね返す若者になるまでずっと時間を費やしてこのクエのためだけに頑張ってきたのに、でも、おだやかな目からどんどん考えが変わってきて、ある意味、おとうを殺すなってことになってきちゃって、それで自分はどうしたらいいのだろうって感じで泣きそうになったんじゃないのかな。

荒　おとうは一人前の漁師でこのクエと戦ったんだけど、自分も一人前の漁師になるためにどうしてもこのクエと戦いたいんだけど、クエがおとうに思えるっていうか、おとうのおだやかな目で殺す気にはなれなくって。屈強な若者になったのに、小が言ったように何にもできない自分がいて、どうしたらいいんだろうって自分が情けなくなってる。だから泣きそうになった。

前　今までは与吉じいさの所で何年もかけて修行っていうか、弟子にしてもらって何年も鍛えてもらって、自分でも一年間もぐり漁師を続けてきてこのクエをとらなければ本当の一人前の漁師にはなれないっていう自分の気持ちも一つあって、「太一は泣きそうになりながら思う」ってことは、反対の意味で自分と自分で戦っているっていうか、その気持ちと気持ちの間で。結果では主を殺さないで済んだってことだから、さっき聡が言ったように殺さない方が上っていうか、そっちの方の気持ちの方が多かったと思った。

T　重要な意見だね。自分で自分と戦っているっていうことを考えるんだね。

木　心に戸惑いがあったっていうか、さっき前も言ったようにここで倒すっていう太一も居れば、もう一人の、いや、ここでは殺してはいけないというような太一もいた。けど、おだやかな目だから、クエから殺気や殺意も感じないのにほんとに殺していいのかっていう心もあったんだけど、だけどこれを倒さなければ父を越えることができないという、そういう二つのことがあったと思う。やっぱりここには心の戸惑いがあったのではないかなって思うのだけど。

疋　今、みんなの聞いてて、聡が言ったように二人いるのかなって思ったのね。獲らなきゃ、獲らなきゃっていうふうに、クエというか瀬の主を見ててそう思ってるんだけど、体がいうことをきかないというか。そういう所は、もう一人の自分がそのクエを獲るってことを拒んでるっていうか、いやだって反対してるっていうかそんな感じのように感じる。それだから、ここでは、太一は前も言ったように自分と戦っているんじゃないかなっていうふうに思う。

南　心の中で一流の漁師になるぞっていう自分と、なんかやっぱり殺しちゃいけない、これはやっぱりお父さんじゃないかなって思いあたふたしている太一。この二人が心の中にいて実際にどっちがどっちだか太一が分からなくなって、最初はすごく迷っていたというか、「こんな感情になったのは初めてだ」って書いてあるから、その主をみて最初は殺そう殺そうだけで頭も心も一杯だったんだけど、でも何かその主を見ているうちに何か大切なものを忘れていたっていうか、殺す殺すだけの気持ちだった太一が何か心が和らいだっていうか、心が変わって殺しちゃいけないんじゃないかっていう太一も出てきたっていうか、それで心の中でその二人の太一が戦っていたっていうことがあるんじゃないのかな。

T　太一が本当の一人前の漁師、太一が思った本当の一人前の漁師っていうのは何だろうね。

小　何かあっても自分が追い求めてきたものは感情とかはあるかも知れないけど、魚を殺したわけだから、だけど、本当の一人前の漁師っていうのは諦めないっていうか、たとえば魚を見たら絶対殺すっていうか何があっても諦めない気持ちっていうか、そういうのを貫き通すっていうか、そういうことがおとうみたいな一人前の漁師ってことじゃないかな。

飯　この場合で言ってる一人前の漁師ってのは、お父さんみたいなもぐり漁師っていうか、いくら大きな魚を獲っても自慢しないっていうか海に帰すっていうか、そういう気持ちの漁師ってのが一人前の漁師って感じで、なんか……。

T　あのさ、それならば、このクエを、瀬の主を倒すってことが目的になる。

聡　でもそうなんだけど、そうなんだけど揺らいだ。本当の一人前の漁師ってのはそれまでは、おとうみたいな漁師ってのが目的だったんだろうけど、でもここで……（暫くの間）……もう一度笑顔を作ったって所から自分の中で太一の本当の一人前の漁師ってのが変わったんじゃないのかなーって。

裕　私は何か諦めるとかそういうのじゃなくて、その前の文には「こんな感情になったのは初めてだ」って書いてあるから、太一は今まではそんな感情になったことはないってことだから、何か海に入って初めて何年ももぐってきたのにこんな感情は味わったことがなかったわけだから色々ここでいう本当の一人前の漁師ってのは、いろんな事を学ぶっていうかいろんな事を海で味わう、（首をかしげながら）なんだろう（つぶやき）まだ分からないんだけど、なんか諦めるとはちょっと違くて、何かを求めるというか漁師になって何かを追い求める気持ちを持つことが本当の漁師みたいな……。

◆

ここの話し合いは非常に興味深いところでした。太一の今までの目標は「村一番のもぐり漁師だった父を破った瀬の主」を倒すことにあったはずです。それを目標に、毎日を懸命に生きてきた太一です。しかし、「この魚をとらなければ、本当の一人前の漁師になれない」という所で聡さんは「本当の一人前の漁師」という考えが「揺らいだ」というのです。「変わったのではないか」と自問しているのです。ここの話し方が良いのですね。「そうなんだけど、そうなんだけど」と「太一の目標がおとうであること」は十分承知しているのです。言葉がとぎれとぎれになり、暫くの沈黙から「もう一度笑顔を作ったって所から自分の中で太一の本当の一人前の漁師ってのが変わったのかなー」と何かをつかんだのです。多分それは、目の前の「クエの命を奪うことの一人前の漁師」から「クエと共に生きる一人前の漁師」への飛躍を言いたかったのだと思うのです。勿論それ程明確な言葉にならなかったとしてもです。また、聡さんの思いは南さんの「何か大切なものを忘れていたっていうか」「心が和らいだ」「心が変わった」を受けた発言でもあるわけです。それが裕さんの「諦めるということではなく、もっと違う何かを追い求める気持ちを持つこと」と続くわけです。

本文の言葉が足りないことは言い訳にはなりません。一番問題だったのが私（授業者）の対応です。子どもの発言を的確に聞き取り整理するか、もう少し話してもらうか、そのいずれもせず、「なぜ太一はこの瀬に潜ったんだ」等と裕さんの発言の後で蒸し返してしまったのです。テープを見返す度に自分に腹が立ちます。

黙ってもう暫く話の続きを聞いていれば良かったものを、私の不如意な発問が極めて一般的な読みへと縛ってしまいました。子どもたちの発言も一般的で、抽象的な言葉になってしまいました。

その後、聡さんは発言しませんでした。何たる不覚かです。

三　瀬の主を倒さないと真の一人前の漁師になれないっていう、おとうを越えないと自分では納得いかないっていうか、与吉じいさには言われたんだけど、周りから見たら実力ってのはあるんだと思うんだけど、自分では納得できないっていうか、そういう気持ちじゃなかったのかな。

小　「本当の」って書いてあるから「本当の」っていうのと「一人前の漁師」っていうのは、違うような気がするんだけど、与吉じいさんは太一にとってもおとうの次くらいに尊敬してた。そういう人におまえは村一番の漁師だよって言われたのに、まだ自分には物足りないっていうか、やっぱり一人前の漁師だよって言われたことは嬉しいんだけど、けど自分をまだまだ鍛えるっていうか、そこでストップするんじゃなくて本当の漁師になるっていうのが自分の夢だったから、だから一人前の漁師を越したすごい漁師っていうのになりたかったんじゃない。

木　瀬の主だけを倒すためにずっと与吉じいさのもとで修行してきたんだけど、だけど、いざとなったら倒せない。父を破った瀬の主を破ること、それがどうしてもできない。

③海の命について

T　最後の所、その辺りでなにかあれば、また出してもらいます。そこだけ読んでもらいます。

林　音読。

長　「大魚はこの海の命だと思えた」ここは海の命だから守り神っていうか、みんなを守ってるっていうか魚の中の神ではないんだけど、みんなを見守ってるっていうかそんな魚なのかなって思ったんだけど。

将　海に命はないんだけど、この大魚が中心になっているっていうか、この海の中心になって、みんなを守っているというかこの海のことを見守っている。海には本当は命がないんだけど、この大魚が海の中心となって海全体を見守ってきたっていうことを言ってるんじゃないのかな。

小　だからこれは、大魚はこの海の命だと思えたって。海の命って題名と同じだから、だから海の命ってここで一番の重要点っていうか、要点みたいな所だと思うのだけど、今までクエを探してきて、やっと見つけて、そのクエがおとうに見えたって、今見てたもの、そういうのが本当の海を守っていたものなんだって初めて知ったっていうか、ちょっとビックリしたような自分がいた。そこで海の命、クエが守ってるのを知ったんじゃないかな。

優　私はこの海の命っていうのは、この魚が海の命とは限らないけど太一にとっては海の命に感じたっていうか、本当はこの魚じゃなくてもそういう魚がいるかも知れないいんだけど、太一が今まで出会ってきた魚とか、見てきた魚の中では特別だったっていうか、最後の所で海の命って思えた。だからこの魚だけは、海の命みたいにこの海を守ってきた魚みたいに冷静だったっていうか、そういう、最後の最後でこういうことを思ったってことが書かれてるんじゃないのかな。

清　さっきみたいに全く動こうとはしないとか、そういう堂々たる態度っていうかそういう所から瀬の主らしさっていうか、そういうのが、みんなを守ってるというか、で、大魚はこの海の命だと思えたんじゃないのかな。

伊　最初から感じているのではなくて、今、清が言ったように、主らしさっていうかそういうものを感じながらこの大魚が死んだら海も死ぬみたいな感じで、それくらい大切っていうか海の心臓みたいな感じに思えてきた。

希　今、伊が言った、その、これが海の命だからこれを殺してはいけないっていうか、この瀬の主を殺してしまったら海が死んでしまうっていうか、そういう所がいいと思ったの。そこでそう思ったことで、なんでこの瀬の主を殺そうとしてしまったんだろうっていうか、そういう気持ちもわいてきたんじゃないのかなって思うんだけど。

早　クエは、太一が鼻面にもりをつきだしてもびくともしなかったんでしょう。だから多分太一にとって、クエはこの海を支配っていうよりもやさしく見守っている瀬の主って感じで「大魚はこの海の命だと思えた」っていうのは、この大魚を殺してしまったらこの海がこの海でなくなるっていうか、そういう感じに思えたんじゃないかな。

T　実はね、疋の書き込みにはこう書いてあったんだよね。同じような意味なんだとは思うのだけど。（板書）この海の命を殺しては、海がなくなる（亡くなる）。それはこういう意味ではないか、ちょっと説明してくれる。

疋　海の命っていうのは大魚だと言ってるわけでしょう。だから海の命は、殺してしまっては海はなくなる。なくなるっていうのは海が死んでしまうというのかな、さっきも言ったように海でなくなるとか、そういう感じなんだとは思ったのね。亡くなってしまうって方は人が亡くなるとかそういうふうな亡くなるでしょう。どうしてそういうふうに思ったのかというと、海の命っていうか海は生きてるってふうに感じたから、海の命をとってしまうと、殺してしまうと海も死んでしまうんじゃないかって、そういうふうに感じたんだ。

T　みんなが考えたことを、思い起こして読んでもらいましょう。この読みで終わります。

希　音読。

T　良いね、心の中にすーっと染み込んでくるような読みだね。

◆

次の日、授業テープを見て私は常になく落ち込みました。豊かに聴けなかったのです。聡さんの意見を活かせなかった悔恨。もっと違った「海の命」になっていたという思いです。授業後の研究会で誰かに指摘されたわけでもありません。しかし、自らの授業に学ぶことはいくらでもできます。

私は、また、武田常夫著『授業者としての成長』（明治図書）を読みました。それは、武田さんご自身、何度も何度も挫折し、また立ち上がった体験を書かれているからです。

「教師と子どもがおたがいにわかりきったようなことをだらだらと問答しているような授業の中から人間の精神を高揚させるダイナミズムは生まれない。しかし教師が授業にたえず高いねがいをもち、明確な目標をもち、イメージをもち、そのための明確な手段と方法をもって子どもに衝突しようとした時、教師は一個の人間としてもちうるあらゆる創造力を駆使して子どもに働きかけていくはずである。そうした教師の熾烈な息吹が子どもをとらえ、子どもを燃え立たせていく」と。

二人の子の感想文を紹介したいと思います。そして子どもの学びを比較しながら研究会の仲間とも「学びとは何か」を考えたいと思います。

〈優さん〉

海の命を最初に読んだ時は、太一は、お父と一緒に海に出たいという気持ちが強かったから、お父が死んだだけではあきらめなかったんだと思った。だけど、何回も読んで勉強していくうちに、その場面ではどういうことを考えていてこうなったんだと、書き込みが深くなった。太一はお父が言った言葉の意味が、与吉じいさの弟子になって成長していくうちに段々と分かってきたんだということが分かってきた。

それに太一は、お父を越したくて父の瀬に入れるように、長い間、瀬にもぐって、父を倒した瀬の主を捜していたのに、瀬の主の堂々とした態度やおだやかな目を見ていると、瀬の主が次第に海の命に見えてきた。今まで父を追いこすために「主」を捜していたことよりも、それ以上に瀬の主の、力だけではない態度のすごさを見せられて、太一が自分のプライドよりも海の命を大切にすることを選んだことが意外だった。

お父を越すという目標のためだけに何年もがんばって命がけで海に入っていたのに、たった少しの間の「主」の態度を選んだのは、太一の海を大切にするという心だったんだと思う。

〈舞さん〉

海の命って聞いて、最初は、海が関係している。その位にしか思ってなかった。でも最初の書き方とかを見たら「考える場所がいっぱいある」と思った。ここをやったら次はこっちでと、思った通りになった。ここの所から、ここととこは関係しているから、一つの場所だけを考えるんじゃなくて、いろんな場所から考えることができるようになった。

最初の時と最後の方では、太一が「考えている漁師」は違うと思う。いろんな人に会って、その一人ひとりが太一を成長させている。自分達も同じだったらいいと思う。与吉じいさのような人がいたから、太一は海に行ける。今の自分達も前の自分達と変わったと思っている。「千びきに一ぴきでいい」では、命の大切さが一番分かる場面だ。

命って、どんな生き物でも大切な部分。それを自分達がもらっているのだから、大切にしないといけない。だけど漁師として生きている人が魚をとるのは当たり前。人間の方が順位が上と思う気持ちがうすれてきた。海の命で、勉強のための「力」だけじゃなくて、日常でふつうに思うことも変わってきた。自分も、もっと生き物に優しい気持ちを持った方が良いと思う。勉強の力よりも、自分の心の方が勉強になった。

「海の命」授業風景

第八章　どこでも研究会

鉛筆画「大相撲」6年生　四つ切り

自ら判断し行動できる子ども

私たちは「響きの会」という名称の研究会を続けています。かれこれ二十年は続けています。発足当時は「響き合いの会」と名前を付けました。私が読売教育賞を受賞した時の論文の題名「内なる世界の開拓・他者との響き合い」から仲間がつけた名称です。「響き合い」は「日々気合い」に通じて良い名前だと思っていましたが、あまり肩に力が入らないようにと、最近は「響きの会」と呼んでいます。ここ数年、若い教師七〜八人も加わり全部で十三人、懇談的に話すには丁度良い人数なのでしょう。これからも定期的に研究会を行っていきます。

そこでは授業だけでなく、児童理解や子どもとの関わり方も話題となり、いわば教師塾のような性格もありますが、経験を重ねている教師一人ひとりも授業力の向上を目指しています。

その会で最近こんな話題が話されました。

子どもが「自ら考え判断し行動できる総合的な力を育む教育を行うために」、一体どんな手だてがあるかということです。

この課題は現場でも大変難しく、多くの教師が試行錯誤しながら取り組んでいるのです。私は総合的な力とは何かを考えなければならないと思いますが、「自ら考え判断し行動できる」ことが総合的な力を意味しているのだろうと考えます。

授業や学びは「子ども・教材・教師」の三者の絡みであることは否定できません。ならば子どもが興味を示すような教材（教科書だけでなく地域の人材・地域の行事などを含める）を探すことが大切なのでしょう。ちょうど八松小学校での取り組みのように。

それを端的に言えば「教師の教材研究・教材開発」という言葉につきると思います。

次に考えなければならないことは子どもたちへの動機付けなのでしょう。勿論素材に対する興味・関心はあるでしょうが、全部の子が自ら考え判断し云々ということは、現場にいる教師なら到底困難な課題であることは承知しています。それを補うためには、一人ひとりに言葉をかけ、褒め、激励する方法が効果的です。

もう一つは子どもたちが個人の課題を持ちつつも共同の学びを体験する（教師は組織する）ことだと思います。そのためには、クラスの友達に互いの長所・短所を当然のこととして受け止める素地を作らなければならないと思います。

現職の時、私のクラスへは研究の仲間や大学の職員、そして、他県・他校の職員等、度々参観に来ていました。「おはようございます」から「さようなら」まで丸一日見ていくのですから何も隠せませんし、良いところだけを見せることはできません。しかし、口から出る言葉は「子どもたちが本当に生き生きしていますね。色々なことへの取り組みが実に早い。真剣だし、集中力があり、しかも、明るい。そして、自分の意見をみんなに聞いてもらいたいという気持ちが伝わってくる」とだいたいが同じでした。

「自ら考え判断し行動する」とは、子どもたちが自己回転（学ぶ楽しさを知り、進んで調べ、友達と関わり、結果として知識も獲得する）することを意味します。そのために私が考えていることをもう少し詳しく述べてみたいと思います。

①教師自らが意欲的に「教材研究・教材開発」に取り組むことが何よりも大切です。

これは当たり前のことですが、当たり前のことほど難しく、三〜四年すれば学校にも子どもたちにも慣れ、現状を切り開くより「こんなもんだ」という日常に埋没しがちです。何よりも初心を堅持することが重要なのです。学校に慣れる、仕事に慣れることは大切なことですが、反対に慣れることほど怖いことはありません。モノやコトに、そして、何より○年生はこんなものだ、△学年はこれをやればいいと言う感覚です。新しいことに挑戦し切り開くという斬新性がなくなります。この前はこうやったからそれを使おう、同僚がやっているから同じにしようという安易な方向に流れがちです。慣れるということの大切さとそこに潜む安易さを厳しく自らに問わなければならないのがこの仕事の大切な要素だと思います。子どもにとっては全てが初めてなのです。

子どもたちが自ら考え判断し行動するためには、「勉強が面白い・分かった」という実感の持てる授業をつくることが大前提です。「この教材で考える楽しさを味わわせたい」という願いのある授業には工夫が生まれます。導入の方法・展開・学びの発展など、教師自らが期待に胸を膨らませ、子どもに立ち向かうことが大切なのです。この初々しい感覚が失われた時から、教師としての退廃の一歩が始まるのでしょう。

教材開発という点から考えると、国語なら図書館に行きたくさんの物語や詩を読み、「これを教材にしたい」という作品を選びます。「これを」というものに出会えた時には、子どもたちの顔が浮かびます。困った顔、考え込む顔、分かって喜んでいる顔など色々出てくるものです。

閲覧室の壁などに注意を払えば、掲示されている何気ない一枚のポスターからも図工の構想を練ることができます。それは、電車に乗った時や街中を歩いている時も同じです。常に何かに出会いたいという願いを持っていることが大切なのです。そうすれば、周りの色々なことが話しかけてくる感覚になります。

また、教師の発想を幅広くする意味からは、他の教科書会社の教科書を購入し、じっくり読んでみることも必要です。勿論、教科書を採択する時に見ていることは知っていますが、じっくりと見ている時間はありません。数社の教科書を見るのですからある程度の時間は必要です。読んでいくと、自分達が日頃使い慣れている教科書とは違う工夫がみられ、参考になります。それをクラスに持ち込み、そこに載っている物語・説明文等を紹介すれば、子どもたちは興味や関心が刺激され、読んでいる姿が見られると思います。

②「教師は、聴く・褒める」という姿勢に徹することです。

教師が一方的に課題や知識を発信しているクラスでは「聴ける子」が育ちにくい。「育たない」とは言いませんが、聴いているようで聴いていない、自分流に勝手に聴いている、と言った方が適切です。反対に聴くことのできる教師のクラスからは「聴き・話せる子」が育ちます。教師がじっくりと聴くから子どもは語りだし、片言の語りが内容のまとまった話になり、考えながら話し、話しながら考え、判断する力もついてくる。そう言う連鎖が起きるのです。

更に、子どもが自己回転するには、褒めるしかありません。口ごもりながらも自らの思いを懸命に話している姿を褒め、そんな様子をじっと聴いている子を褒め、友達の意見から新しい発見を言い出した子がいたら大きく褒める。国語で一時間中何も言えなくても、必ず褒めることのできるところはあります。つかえての音読なら声の美しさを褒め、マットを運んでいたらその積極性や責任感を褒める。もし、分からない所を分からないと言えたり、大勢の中で一人でも違った意見を出せたら、その勇気と意欲を最大級の言葉で褒めます。

概して教師は褒めることが苦手のように感じます。また、褒めても言葉が伝わらなければ何にもなりません。本気になって褒めることです。教師自らが本心で認めることです。わざとらしかったり、表面的であれば子どもは見抜きます。そして、一人ひとりの意見・行動の良い所を教師が認めてみんなに広げると、子どもは自信が持て、自らの考えを行動に移せます。

③クラスの授業の様子をビデオテープに録画し全員で見ることです。

自分達の学んでいる様子を見て、自分達で学びを振り返り、高め合うのです。勿論教師は自分の授業を記録に起こし、子どもたちはこの一時間で何を考え、どんな表情だったのか、学びがあったのかなかったのか考えるべきです。次にという意味で、子どもと一緒にテープを見るのも必要だろうと思うのです。

子どもたちがテープを見ると、自分はどこに映っているかを夢中になって探します。自分の姿勢が机にうつぶせになっていたり、手遊びやいたずらしていることにも気づきます。自らに気づき、自らを見つめることは大切な学びです。そして、失敗や間違いをおそれず意欲的に学んでいる子や、友達と協力して助け合っている子の姿をみんなで探します。

「学校は間違いや失敗をしながら学ぶ所、友達と一緒に考えると考えが広がり勉強が楽しくなる所」というクラスの背景をみんなで作るのです。このような背景からは、子どもたちの生き生きとした顔が浮かんできます。

子どもたちが進んで考え、判断し行動する姿が浮かびます。

このようなクラスなら、子どもを通わせてみたいと思いませんか。

他県の研究会に参加して

私達は、研究会のメンバー数人で他県の公開研究会に参加することがあります。最近では三重県、秋田県です。秋田では秋田大学教育文化学部附属小学校公開教育研究会に参加しました。それは「他県の教師の実践も学ぼう、小さく固まらないように」という私の願いからです。

授業前日や当日の宿泊地でも多面的に話し合いがなされます。その時話し合われた内容を、仲間の森上さん・長谷川さんが記録していたので一緒に考えてみませんか？

①「指導案」の中で大切なことは……

子どもがどこでつまずくか……ということを考える。

確かに、より深くより豊かに、そしてより的確に授業者の読みを書く（解釈し発問を考える）ことは大切だと思う。しかし、それだけでは授業案として一般的すぎる。その授業の中に子どもの姿・表情が見えていなければならないのだと思う。クラスの実態をベースにして、子どもの困った顔が見え、嬉しそうな声が聞こえていなければならないのではないか。予定調和的で一方的な教師の解釈、仮に他の文献を示され専門的であったとしても「子どもがどこが読めないか、どこでつまずくのか」、そういう子どもの姿を含めて授業案を考えていかなければいけないと思う。（島小の指導案で「予想される難関」がそれにあたる。）

そして、そうであっても、実際に取り組むと、その時々の瞬間的な判断や方向を見極めるのは難しく、これで良いとか、良い授業だった等ということはできない。むしろ課題山積だ。大切なのは、武田常夫さんのように飽くなき向上心を持った姿勢なのだと思う。

また、例えば、詩の授業なども、教師は前もって何度も読み、時間をかけて解釈し授業をどう展開していくかを考えているが、子どもは、授業が始まって初めてその詩に出会う。ここを忘れてはいけないと思う。子どもは、そこまで（教師の読みまで）行けない現実がある。だから、教師は「子どもはこういうふうには読まない（読めない）」「子どもはこんなふうに考える」ということをあらかじめ予想し、その時どうしたらいいかということを、考えておかねばならない。

反面、子どもの感性は鋭いものだ。また個性的でもある。それをすぐに否定しないで「なるほど、こんなふうに思えるのか」とまず共感できる教師、その考えの良さを認められる教師、そこから一緒に考えられるようになると良いのではないか。

★「目の前に、子ども（の姿）を描いて、その表情、戸惑いを思い浮かべないと、子どもの学びに沿った授業展開はできない」。このことが実感として分かったのは、私達が阿部先生の研究授業に当たって、「乞食」の解釈と指導案を考え書いたからである。やはり、受け身の参加ではなく、自分のものを持つことにより、学びが深まることが実感できた。

②子どもの言葉について

「乞食」の授業の中でMさんが「差別の壁」について発言した。このことを「言葉が軽く使われているのでは？」と参観者から話された。阿部先生も少しそう感じたという。しかし、その後に付け加えられた話が印象的だった。それは、次のような話だ。

「言葉が軽いというのはある参観者の印象であって、あの子（M）は、あの時間、あの瞬間、一生懸命自分の言葉で（感じたこと・考えたことを）表現したのだ。まずそのことに感動したい。言葉が軽いとか重いとかは、どのような根拠で言えるのだろうか。ひょっとしたら難しい内容を含んだ言葉がぽんと出てきたからそう思ったのかどうか、色々戸惑ってやっと出てきた言葉なら良いのか、……いずれにせよ瞬間瞬間の子どもに感動し、それでもどんな気持ちを込めて発言しているのかと教師自らが思いを巡らさなければならない。継続的な触れ合いの中で、お互い（子どもと教師）に考え合うことが大事だと思う。

印象と事実は違う。また、事実と真実も同じとは言い切れない。色々な指摘はそれとして受けて、その時、その瞬間の子どもの学びという横軸と、その一人の子のその後の言葉や行動という縦軸での成長を見守っていくことが大切だと思う」と。

★この話から私たちは謙虚に子どもを見ていかねばならないと思った。

③公開研究会の参加にあたって

・授業とは、「語り合うこと」「聴き合うこと」「考え合うこと」「書くこと」「読むこと」が総合的に行われる学び合いである。授業を見る視点として、次のようなことを阿部先生はあげられていた。

（クラス全体で）考えていることが明確になっているかどうか

子ども同士が互いの意見にどのくらい関わっているか

子どもたちの言葉や表情を、教師はどのように聴き見ているのか、位置づけているのか

子どもたちは何を手がかりにして考えているのか

・子どもたちの発言は同じようなことを言っているようでも微妙に違う時がある。みんなで聞き合い、共感しながら考えを強めていくことが重要なのだと思う。誰かの言葉や行為を笑ったりではなく、その時々の課題の中で楽しそうに笑い合ったり、自然の頷きや共感の声が聞こえるかどうかも大切だ。

・授業は難しい。思った通りにいかないから面白い。「授業苦」という言葉を聞いたことがある。苦しみと捉えるか、「子どもってこうだよな」と、まずは丸ごと受け止められるかで違ってくる。

・例え指導案通りにいったとしても、指導案というレールの上を走っただけという意見も出る。子どもは天衣無縫。計画通りはいかない。「真面目に、でも気楽に」「力を入れて、でも力を抜いて」、というバランス感覚が大切。どっちなんだと言われれば、どっちも大切と言うしかない。

★阿部先生のクラスの子どもを思い出す。……しゃべりながら、自分の言葉を見つけ、自分の気持ちを同時並行で伝えようとしている。つまったり、繰り返したり、うまく言葉が出てこない場面もある。しかし見ている自分達には、その姿から、伝えたいという願いがひしひしと伝わってくる。決して、すらすら理路整然とは言っていない。決まりきったことを言っているのではないからだ。原稿を読むのとは違う。考えることを楽しみ、友達と話し合うことが自らを高める体験になっている。子どもが生きて動いているのだ。

どうやって、こういう子どもたち（阿部先生のクラスの子ども）になったのか、見えない部分を分析する必要がある。

④子どもとの関わり方

「厳しさにも二種類ある」と言う。

・規則やルールを守らせる厳しさ。
・ものを考えるという姿勢での厳しさ（いい加減に・中途半端で終わらせない）。
「私（阿部）は後者について厳しい方かな」と阿部先生は話されていた。
しかし、「厳しさ」だけでは、子どもは離れていく。同時に先生に対する信頼感がなければならない。つまり、「厳しさ」と「信頼感」、このことの相乗効果が、子どもを変えるのだと言う。

厳しさという言葉には外見上「こわい」というイメージがつきまとうのかもしれない。しかし、日々の子どもとの生活の中で「こわい」と「厳しい」の違いは分かっていくものだ。そして、本当の「厳しさ」というのは「優しさ」の表裏なのだということも日々の行動で子どもたちは見抜いていく。だから、子どもの目は「鋭いし」、「こわい」。では、その教師に対する信頼感はどうすれば生まれるのか……。それは、子どもがいろんなことに自信を持てるようにする、そういう気持ちになれるように事実を残すことだと思う。「この先生といると、できなかったことができるようになる」と。跳べなかった跳び箱が跳べるようになる。泳げなかった子が泳げるようになる。絵がうまく描けなかった子が描けるようになる。声が出なかった子が出るようになる等々。

★子どもたちの阿部先生に対する信頼感は、それはただものではない。
例えば、朝、阿部先生が学校に来ると、駐車場まで迎えに来て、先生が車から降りるとバッグまで持つ子がいるのである。また、靴箱で先生の上履きを出して待ち、職員室まで、朝の打ち合わせがない時は教室まで一緒に行くのである。ほとんど一年間を通して見られる。別に誰が決めたのでもない。それに、決まった子だけでなく、時に大勢で、時に一人でと。「先生は朝来るのが遅いから、それに他の先生のじゃまになるから止めよう」と何度か話したというが、暫くすると、またそれが始まる。休み時間になると先生の側に来て、肩を揉んだり足を揉んだり。片足に二人ずつ、肩に四人、腕や掌まで揉んでいる。また、阿部先生が考えたマトリクスという綱引きは最高におもしろいという。三人一組で三方から綱を引くゲームである。一緒にUNOをしたりベーゴマをしたりと、いつも子どもと遊んでいる。

ある時、学校から出たプリントの説明をするのに阿部先生のがなくて「余ったのない」と言った。すると、すぐ近くの子が自分のを先生に渡し、その子は隣の子を見せてもらっていた。阿部先生のクラスにここ数年間、何度か参観に行かせてもらって一日中いると驚くようなことを見る。それは同じ学校にいた仲間の話からも聞く。前任校でもそうだったし、いつもそうなると言う。

他にも、給食時間に阿部先生がおにぎりを作るのだが、そのおにぎりは本当に大人気である。阿部先生がおにぎりを握って、「おにぎりいる人?」って言うと、ほとんど全員が手を挙げる。

阿部先生の方を見て、「私にください!」と目にも力が入っている。手もピンとあげ、心の底からそのおにぎりが欲しいんだということが第三者の私が見ていて、ひしひしと伝わってくる。

しかし、かと言って、子どもたちは先を争っておにぎりを取ろうとしたり、「なんであいつだけ……」「あいつは前ももらったし……」とか、ぶつぶつ文句を言ったりわいわいがやがやになったりするのではない。一切文句を言わずに、自分がもらえるのを待っているのである。

そして、もらった時のその喜び方は、なにか宝物をもらったかのように大切にする。「これ、ほんとにうまいんだよな」と気持ちを込めて声を発する子。「阿部先生の作ったおにぎり食べたら他のおにぎりが食べられない」「このおにぎりだけあれば、もう他のおかずはいらない。」なんていう子までいた。実際に食べ始めると、おにぎりだけは箸を付けずに、最後まで大切に残している子、一口一口味わって（ちょこちょこ）食べる子、食べた瞬間、「うん！うまいっ！」と言う子様々である。この光景を、私（長谷川）は九月と一月に見たのだが、一月の方が九月にも増して、おにぎりが欲しいという教室の空気を感じるのである。一時的なものではなく、先生が握ってくれたから……という、先生に対する信頼感がこういう子どもたちの姿を生むのだろう。

阿部先生はご飯の配膳の隙間に入って一人おにぎりを作る。「ああうまい！」と言いながら、つまみ食いをしながら。作ったおにぎりは、ご飯の食管の中に並べて置いて行く。そして、後の方になると、食器の中に入れて配膳する。しかし、前の方で配膳された子は、食器にご飯（しゃもじでつがれた）をそのまま入れて配膳されるわけである。すると、なんと、食器の中にご飯がそのまま入っている子は、「いただきます」が終わった後も、それを食べないで（阿部先生がおにぎりを作ってくれるのを）待っているのである。これは、先生はなんとかしてくれると思っているのである。信頼感の表れの一つであるのだろう。

⑤教師のスタンス

子どもたちに寄り添ってしまいながら、教師の存在を分かっていかせようとする。

★「この先生は違う」という思いを子どもたちに味わわせる。

（例）㋐阿部先生が万引きした子に話したこと……。

・一つ二つ取るんじゃなく、デパートごと全部取っちゃうか……（笑いながら）。

・もしやる時には、先生も誘ってよ。一緒に側にいるからさ。先生がすぐにお金を払うよ。

（勿論これらは話の切り口であり、ここから聞く。じっくりと聞くのである）

放課後、子どもは当然怒られるって思っている。しかし意表をついた言葉で子どもと話している。当たり前のように叱るだけでは、子どもの中に入っていかない。

（例）㋑授業中に折り紙を折って遊んでいる子を見つけたらどうするか……。

普通であれば、「すぐしまいなさい。」「今どうしてそんなことをしてるのか？」「今は、勉強に必要ないからやめて引き出しに入れなさい。」と言うのだろう。しかし、阿部先生は違う。「わあ、きれいだねえ。（まじまじと見て）これきれいだから、ここ（黒板の横）に飾っておこうよ。」（と言って画鋲なんかで、壁にはる）「○○さん、今日の休み時間に先生に教えてよ。

意外性のある言葉かけ、対応をしていくことが大切。しかし、テクニックではないともいう。まれるような言葉は、子どもを芯から変えないから……。子どもを芯から動かさないから……。「でも、今することじゃないな」ということをさらっと言う。すぐには叱らない。子どもに読みんなも教えてもらおうよ」と。子どもたちが夢中でやっていたことに理解する。その上で、

⑥個別で対応していくことは本当に良いことなのか……

★授業の感想で、「〇〇君は乞食とは何かで、根本的な読み違いがあった。この場合、個別的に指導していった方がいいのではないか。」ということを言っていた先生がいた。しかし、阿部先生は言う。「個別に対応すると、その子は強さも何もなくなってしまう。今、〇君は〜と言ったけど、みんなはどう思う?」と全体に投げかける。子どもはそう簡単にはつぶれない。クラスの中で、また、教師との信頼感ができていると、間違えても平気なのである。

子ども同士の関わりの中で学習を作っていく。「人間は、その人にしかできないことがある。その人の力が必要になることが必ずある。だから、今、勉強ができるできないはたいした問題ではない。分からないことをみんなで考え合うことが、これから先の人の見方や接し方につながる。間違いや失敗を出してくれたらそれに感謝したい。学校は考え合う場所だ」と子どもたちに話す。

阿部先生のそういう考え方は、終始一貫しているし私達も大切だと思う。

分からない子が、素直に自分の分からないところを全体に出していくことは、分かってい

る子のより深い理解を助ける。何となく分かっていた子も、よりはっきり分かるようになる。

（結果を重視するのではなく、その過程を大切にすることにより、そのことの本質に迫れるのである）だから、分からないことが、分からないと誰もが素直に言える授業・クラスづくりは、子どもの学習を深めることにつながる。

⑦分からないことが、分からないと素直に言えるクラスのメリット

〈子どもサイド〉

・分からない子は、何が分からないかが明確になり、それを考えようとする。
・分かる子もいろいろいる。しかし、その中には表面的に分かっている（結果は知っている）が、その過程をしっかり理解していない、自分の考えをきちんと説明できない子も少なくない。分からない子の立場になって考えることで、実は自分が見えていなかったことに気づかされたり、そのことがよりはっきり、深く分かったりする。
・自分の言葉を駆使して説明する力がつく。
・自分の課題が自分達の課題になり、全体でより確かに分かっていくという経験ができるし、仲間と学習することのよさを味わうことができる。

〈教師サイド〉

・子どもがどこにつまずくか……ということが分かるようになる。見えるようになる。
・子どもはどこが分かっていないのか（一見分かっているかのように見えるが、実は分かって

いないことは多い）が見えて、そのことについて問い返したり、確かめたりしたりすることができるようになる。

・子どもの学びに添った授業展開ができる。

・子ども、一人ひとりを生かせる。

・子どもを見る目を養うことができる。

間違いを恐れない子ども、失敗を恐れない子どもを育てる。間違いや失敗をみたらその意義を話し、クラスの文化・クラスの背景を形成する。「子ども」という存在の理解を深められれば、間違いや失敗を受け入れられるし、そういう教師が前向きな子どもを育てられるのではないか。

⑧親しいと馴れ馴れしいは違う

★阿部先生が若い頃、高学年の女の子が、「よっ先生！」と言って、背中をパチンとたたいて走り去ったそうだ。次の日に会った時、先生は、「君と私は友達同士ではない。親しくなりたいとは思うけど、馴れ馴れしいのとは違う」と言ったという。また、ある時、女の子が図工の作品を描いていて、「どうしたの？」と言ったら、「やだ、見せない」と軽い調子で背を向けて、他の場所へ行ってしまったそうだ。その時、阿部先生は、「先生に見せないで、誰に見せるの？　何か変じゃない？」と言ったという。今なら違った対応をするだろうとも話されていたが、つまり、阿部先生は子どもとの関係で、親しくなりたいけれど、馴れ馴れしくはなりたくないというのだ。

☆もうすぐ教職四年目を終えようとしている私（長谷川）の課題の一つがこのことだ。子どもが自分を出すためには、私に遠慮せずに話しかけられたり、私に気を遣うことなく接することができたりすることだと思っていた。（先生ということをあまり意識せずに子どもたちの身近にいる存在でいたい……）しかし子どもたちは、私を馬鹿にするようなことを言ったり、からかったり、言葉遣いや態度が悪くなったり……。やはり私の接し方の問題であったのだろう。子どもと親しくではなく、子どもと馴れ馴れしい関係になってしまっていたのである。友達、それも質の悪い関係になっていたのである。これにピンときた私は、阿部先生にもう少し聞いてみることにした。

「子どもに好かれようと思い、子どもと友達のような関係になることはある意味で大切なこと。しかし、その思いが先に立って、軽いのりが日常の言葉遣いや行動に現れたり、例えば、『子どもが喜ぶなら、子どもが望むから』と流行のCDを持って来ることを認め、朝自習に聞いていてもいいとなると、一つのクラスで漫画を読んでいる子、CDを聞いている子、交換日記を書いている子など子どもたちはばらばらの状態になる。現実にそういうクラスを見てきてもいる。『子どもが決めたから』『色々な子どもがいるから』等と、一見進歩的なことを言っている教師もいるが、子どもたちの孤立化・グループ化が見えないところで始まっている。『学校は学ぶ場である』と私は思う。学ぶと言うことは嫌な思いもするし苦しい体験もする。しかし、教師はそれをしっかり見ていなければならない。見守るということが大切なんだと思う。それは、あるがままにさせておくことではない。適宜子どもに関わっていく。『子どもに聞いた・子どもがそういった』等と呑気なことを言っていると、ルールを無視したり、やりたいことをいつ何時でもやり出していいと勘違いしてしまう子が出てくる。それが『いじめ』に繋がるケースもある。子どもにとって『理解のある教師・いい先生』でありたいと思い、子どもの意見を深く考えないで聞き通すことは、結局は子どもを大切にしていないことだと思う」と。

その後の阿部先生の言葉がとても印象的だった。

「そんな意味で、私は子どもに好かれたいと思わない。安直な言葉を聞きたいとは思わない。そんなことで子どもに良い先生だなんて思われたくない。一つの取り組みで『学ぶことが喜びに変わり』『自らに自信がつき』、結果的に子どもに好かれればいいと思っているよ。子どもにとって楽しいこと・子どもの望むことをさせてしまうばかりでは、子どもが野放図に、無自覚・無感覚になり、自分（子ども）が何をやってもいいという状況へと錯覚させてしまうことにもなりかねない。結局は友達も自分も大切にもしなくなるよ。『学ぶ喜び・友達と一緒に考える喜び』、それが、『生きる喜び』に繋がっていく。学校は本来そういう場なのだと思う」と。

⑨子どもとの関わり方——子どもをあまり責めない

Gさんの話が出てきた。Gさんは冬休みが終わって、「北海道のおばあちゃんの家に遊びに行っていたから宿題ができなかった」と言ってきたそうだ。阿部先生は、「理由をきちんと言えたことは良いことだね。でも、それは、認められないよ。出すまで待っているから放課後、学校でやりなさい」と言ったという。そして、経過（様子）を見ながら待っているという。しかし、友達とさっさと帰ってしまうこともある。それでも次の日には「どこまでやった?」と聞くと、「〇〇までやった」と返ってくる。まだ、残りはたくさんある。またさっと帰ってしまう。玄関まで呼び戻しに行って一緒についている日もある。でも二人になると、北海道でしてきた遊びの話や、食べ物の話になり、「もう今日はここまでにしよう」と先生から言うこともあるという。そして、最後には「待ってるから」と言うのである。そして、ようやく、二月十六日になってGさんは冬休みの宿題を仕上げたそうだ。この話を聞いた時、私は感動した。「どうしてやらないんだ?」ではなく、「待ってるから」、「待ってるから」とひたすら信じ待ち続け、見守る阿部先生の姿はすごいと思った。

また、宿題を忘れた時、阿部先生はGさんに、「先生はかなしい。あなたがやって来るって言って、やってこなかったことが先生はかなしい」と言う。

阿部先生はよく、「先生は〜」と自分の気持ちを伝えることをするという。子どもを責めるのではなく、自分の気持ちを伝えることの方が、子どもにすうっと入っていくのであろう。

もちろんそれは、心の底から出てくるものでないと、子どもに伝わらないのは当然であるが……。

・親の背中を見て育つと同じように、先生がどのように子どもたちと接しているか、それを子どもたちはよく見ている。
・この先生といると、「自分に力が付いている」というのを子どもは見抜く。特に高学年は。
・子どもを変えるのは、まさに百の教育論ではなく、一つの実践なのである。
・子どもが、「自分が（よい方向に）変わっている」「少しでもよくなっている。」と子ども自身が実感できることが大切なのだ。
★「子どもが自信を持つ」「子どもに自信を付けられる」そういう意味で、結果的に子どもが自分のことを好きになるならなってくれればいいと思っている。そういう阿部先生の心持ちを聞いて、我に返った。子どもに媚びを売るのではなくて、自分の実践で子どもに向かう。それは、本当に子どものことを大切にする姿勢だと思った。

⑨やさしさの間違い

★「やさしい」「親切」な先生は山ほどいる。子どもも、「あの先生優しいから好き！」「あの先生親切だから好き！」と言う。しかし、その優しさの多くは、いわゆる一般的な優しさであり、誰もが持っている優しさである。子どもの受けはいいが、子どもの自信にはつながらない。
（本当の意味で子どもに自信をつけることができない。）

　ただの一般的な「やさしさ」ではなくて、「教師本来の専門性」というところでの子どもに対する「やさしさ」が出せるかどうか……。教師の力量の問われるところだと思った。

その専門性とは、「子どもの中の何かを発掘し、見つけ、引き出す」という教師の専門性だ。（子どもをどのように見るか。子どもが見えるかどうかにかかってくる）こういうことに骨を折る教師の子どもは、自分に自信をつけ、少々のことにめげないようになり、自己回転していくようになる。本当の意味で子どもが強くなってくる。そういう子どもを育てることが、子どもに対する真の優しさではないだろうか。

⑩苦手だ、肌が合わない……という子どもにどう向き合うか

研究の仲間から「いま自分の苦手な子（肌が合わない子）がいるんだけれど、どうやって向き合っていけばいいのか」という話が出た。

「この子は私に合わない」という思いは、必ず子どもに伝わるし、そう感じた子どもは可哀想だ。それが自分の子と担任の関係だったらかなしいだろう。教師が自らを変えていく（子どもの見方を変えていく）努力をしなくてはならないと思う。何か一ついいところが見えれば、芋づる式にその子のいいところが見えてくるものだ。子どもだって先生が自分を優しく見ていてくれれば、それに答えてくる。「この子は自分に合わない」と感じることは、教師も人間だからあることとなのだと思う。しかし、それは「その子が持っている良さを見ていない。まだ見えていない」ということなのではないかな。決して焦ってはならない。子どもに関しては（教師は）努力するしかない。「あの先生嫌い」と子どもに言われても、私は（教師は）その子を好きになろうと強く思い続けることだ。どんな子どもでも必ずよい所はあるのだから。どこか

に必ずいい所はある。それが見えないだけなのだ。なかなか見えにくいんだよ。

教師が（子どもに対して）肌に合わないと思っていたら、子どもはそれを感じる。苦手な子や自分の所に寄ってこない子ほどよく見ておいて、「こういう良い所をみつけたよ！」とその子に伝えていくようにすればいい。子どもの場合はこちら（教師）が折れるしかないじゃないか。子どもに対して、教師は権力者であっても傲慢であってもならない。だからと言って、弱気になったり気を遣いすぎると疲れてしまう。叱る時はさっと叱る。気持ちを切り替えて、また「にこっ」として向き合う。大きな籠にはたくさんの果実が入るじゃないか。焦らない、そして、研究の仲間といろいろ知恵を出し合うことが大切だね。一人で考え込まない、落ち込まない、いろんな子がいるから自分が成長できるんだと思えばいい。

★阿部先生のクラスにも、すぐに先生のそばに寄って来ない子は何人かいるという。寄って来ないというか、自分達の空間を持っているというのだ。阿部先生はそういう彼らを見て、それはそれでいいと思っていると言う。「自分のそばに来て欲しい」という気持ちがあっても、それを口に出して言わなくてもいいというのだ。「全員が全員私のことを好きになるわけがないし、好きにならなくてもいいと思っているからだよ。この世に絶対とか一〇〇％とかということは案外少ないのかもしれない。でも、教師である私は一〇〇％を目指して努力しなければならないと思っている」と続ける。「その子をそのままで受け止める。その子をまるごと受け止める」という教師の構えは大切である。

その他にも、阿部先生は褒める時に……。

「ああ、Kは、先生のこと好きなんだな。先生もKのこと好きなんだよ」という褒め方をよくするという。つまり、子どもが自分（担任）のことをよく見ていてくれたり、考えていたりしてくれることに感謝し、それを言葉にするのである。阿部先生自身が子どもに対して、良いところを見ていこうというスタンスなのでこういう発想が生まれてくるのであろう。

「本当はD君は、先生のことが好きだから、じっと我慢してたんだろうな」と、騒いでいて、もめ事（喧嘩）になりながらも、最後は我慢してぐっと自分を押さえた子に対して言った言葉である。このことをみんなの前で話したそうだ。教師の思いを伝えたいという思いから……。

もちろん、D君は自分が叱られると思っていた。しかし、阿部先生は叱らない。阿部先生は言う。大切なことは、こういう場面でも「この先生違うぞ！」と、子どもが感じること。子どもの目を大きく教師に向けさせること。「だから褒める時は本気になって、全身全霊で褒めるんだよ。表面的なら子どもは見抜く」とも話されていた。

そして、「教育とは何か」と常に自らに問い続け、授業・学びの場や空間をより質の高いものへと高める努力をし続けること。継続が大事なんだと何度もおっしゃっていた。それは、自分の土台をより強くするための読書、そして、研究者や仲間と授業実践を話していくこと。他の研究会に出て学ぶこと。いろいろな授業者、実践家と交流を持つこと、その人達とネットワークを作り大切にすることなど。聞いたり話し合っていると意欲が湧いてくるのを感じた。

以上は、森上さん・長谷川さんの記録をもとに若干の加筆をしたものです。

このような話を聞いて色々な意見があると思います。要は「子どもを大切にするとはどういうことなのか」、「学校教育とは何か」を一緒になって考えることが大切なのだと思っています。

あとがき

二〇〇七年五月十七日、公立小学校を退職した私を心配して稲垣忠彦先生がわざわざ湘南の地までおいでくださいました。午後二時半に北鎌倉の駅で、先生は約束の時間より二十分も早く来てくださいました。電車から降りて改札口まで歩いて来る姿を私は生涯忘れないでしょう。本当に有難い先生です。このような方とご一緒に学校ぐるみで研究がしたかったと心から思います。

三月末日、私は辞職を決意した経緯を詳しく書き、稲垣先生に手紙を出しました。電話口からは「阿部さんは学校にいなければだめだよ。なぜ相談してくれなかったのか」と温かい叱咤の言葉が聞こえてきます。「どうしても納得できないことがありました……」と、手紙ではお知らせしたのですが、改まっての電話ではなかなか言葉にできませんでした。

結論を言えば、私と校長では、根本的に教育観や授業論が違っていました。それが全てです。

四月当初の電話で、五月の連休明けに鎌倉で会いましょうと、稲垣先生が提案してくださいました。稲垣先生は私のことに心を砕いてくださったのです。

その日は夜中から雨。本来なら朝十時半に合う予定でしたが、午後からは晴れるでしょうとの予報で午後二時半にした稲垣先生の判断はどんぴしゃりでした。

私は雨のあがらない場合を考えて車で北鎌倉まで行きました。「今日は飲もうと思って来たのに」とおっしゃった先生に、湘南平を案内し、五時頃から茅ヶ崎駅付近で魚を食べながらビールをと提案し（車は長女が取りに来ました）、響きの会のメンバー二人にも急遽参加してもらい八時までご一緒していただきました。この時間に帰るとご自宅に着くのは十一時になる、そう思うと、本当に申し訳なくも有難いものだとしみじみ感じました。

あまりにも唐突だった辞職は悔やまれますが、今こうして自分の実践を振り返ってみる時間ができ、自分の仕事の良さや問題点を改めて考えさせられている日々は有意義です。

そして、何より稲垣先生と湘南の海を見、子どもの頃の話や学生の時の思い出などを聞き、時間の流れを満喫できたことは最高の思い出になりました。これから先も稲垣先生が提唱されてきた現職教育や授業のカンファレンスは喫緊の課題であり、私の仲間や研究会で、常に話題にしていきたいと思っています。

若い教師の方達にぜひ言いたいのは、あなた達の時代は人事評価の方法もきっと変わるだろう、ということです。管理職だけでない第三者が入ったチームでの判断の動きも出てくるでしょう。本当に力のある教師をどのように判断するかの方法は変わらざるを得なくなるだろうということです。また、ある県では校長自らが学校経営について公表し、その賛同者が転勤希望を出すという試みも始められたと聞きます。責任者が率先して動くことが、学校を変える第一歩なのです。

若い教師の方達にもう一度語りたいと思います。

子どもの可能性を限りなく信じ、今は授業や子どもたちの学びを第一に、昼夜心を砕いて欲しいということです。一人の教師の徹底した行動と豊かな授業が、子どもたちを内側から変えていくのだと私は信じています。規則や説教では子どもたちは変わらない。心の中から変わる子どもたちのその時その時の表情は、たとえようもないほど美しいものです。キラキラ輝いているのです。そんな子どもたちの顔をあなたも見たいとは思いませんか？

子どもたちは次の時代の担い手なのです。

二〇〇七年七月

阿部直久

〈著者略歴〉
阿部直久（あべ　なおひさ）
1951年　福島県いわき市に生まれる
1979年4月～2007年3月31日まで藤沢市公立小学校教諭
1993年第42回読売教育賞国語教育最優秀賞受賞（読売新聞社主催）、1994年第30回「わたしの教育記録」入選（日本児童教育振興財団主催・小学館後援）、2000年第36回「わたしの教育記録」入選（日本児童教育振興財団主催・小学館後援）、教育ビデオライブラリー⑯国語科シリーズ（日本児童教育振興財団）

住所　〒253-0084　神奈川県茅ヶ崎市円蔵2615-15

若き教師のみなさんへ　わたしの授業実践

2007年10月10日　初版第1刷発行

著　者　阿部直久
発行者　斎藤草子
発行所　一莖書房
〒173-0001　東京都板橋区本町37-1
電話 03-3962-1354
FAX 03-3962-4310

組版／四月社　印刷・製本／モリモト印刷
ISBN978-4-87074-150-8 C3037